全国建筑业企业项目经理培训教材

全国建筑业企业项目经理
培训考试大纲

（修订版）

全国建筑业企业项目经理培训教材编写委员会

中国建筑工业出版社

图书在版编目（CIP）数据

全国建筑业企业项目经理培训考试大纲/全国建筑业
企业项目经理培训教材编写委员会. —修订版. 北京：
中国建筑工业出版社，2002
全国建筑业企业项目经理培训教材
ISBN 978-7-112-05037-6

Ⅰ. 全… Ⅱ. 全… Ⅲ. 建筑工程-项目管理-考试
大纲 Ⅳ. F407.9-41

中国版本图书馆 CIP 数据核字（2002）第 013417 号

* * *

责任编辑：时咏梅

全国建筑业企业项目经理培训教材
全国建筑业企业项目经理培训考试大纲
（修订版）
全国建筑业企业项目经理培训教材编写委员会

*

中国建筑工业出版社出版、发行（北京西郊百万庄）
各地新华书店、建筑书店经销
北京建筑工业印刷厂印刷

*

开本：787×1092毫米 1/16 印张：5½ 字数：128千字
2002年3月第一版 2008年12月第十一次印刷
定价：**9.00**元
ISBN 978-7-112-05037-6
（17201）

全国建筑业企业项目经理培训教材
修订版编写委员会成员名单

顾　　问：
　　金德钧　　建设部总工程师、建筑管理司司长
主任委员：
　　田世宇　　中国建筑业协会常务副会长
副主任委员：
　　张鲁风　　建设部建筑管理司巡视员兼副司长
　　李竹成　　建设部人事教育司副司长
　　吴之乃　　中国建筑业协会副秘书长
委员（按姓氏笔画排序）：
　　王瑞芝　　北方交通大学教授
　　毛鹤琴　　重庆大学教授
　　丛培经　　北京建筑工程学院教授
　　孙建平　　上海市建委经济合作处处长
　　朱嬿　　　清华大学教授
　　李竹成　　建设部人事教育司副司长
　　吴涛　　　中国建筑业协会工程项目管理委员会秘书长
　　吴之乃　　中国建筑业协会副秘书长
　　何伯洲　　东北财经大学教授
　　何伯森　　天津大学教授
　　张鲁风　　建设部建筑管理司巡视员兼副司长
　　张兴野　　建设部人事教育司专业人才与培训处调研员
　　张守健　　哈尔滨工业大学教授
　　姚建平　　上海建工（集团）总公司副总经理
　　范运林　　天津大学教授
　　郁志桐　　北京市城建集团总公司总经理
　　耿品惠　　中国建设教育协会副秘书长
　　燕平　　　建设部建筑管理司建设监理处处长
办公室主任：
　　吴涛（兼）
办公室副主任：
　　王秀娟　　建设部建筑管理司建设监理处助理调研员

全国建筑施工企业项目经理培训教材
第一版编写委员会成员名单

主任委员：

    姚　兵　　建设部总工程师、建筑业司司长

副主任委员：

    秦兰仪　　建设部人事教育劳动司巡视员

    吴之乃　　建设部建筑业司副司长

委员（按姓氏笔画排序）：

    王瑞芝　　北方交通大学工业与建筑管理工程系教授

    毛鹤琴　　重庆建筑大学管理工程学院院长、教授

    田金信　　哈尔滨建筑大学管理工程系主任、教授

    丛培经　　北京建筑工程学院管理工程系教授

    朱　嬿　　清华大学土木工程系教授

    杜　训　　东南大学土木工程系教授

    吴　涛　　中国建筑业协会工程项目管理专业委员会会长

    吴之乃　　建设部建筑业司副司长

    何伯洲　　哈尔滨建筑大学管理工程系教授、高级律师

    何伯森　　天津大学管理工程系教授

    张　毅　　建设部建筑业司工程建设处处长

    张远林　　重庆建筑大学副校长、副教授

    范运林　　天津大学管理工程系教授

    郁志桐　　北京市城建集团总公司总经理

    郎荣燊　　中国人民大学投资经济系主任、教授

    姚　兵　　建设部总工程师、建筑业司司长

    姚建平　　上海建工（集团）总公司副总经理

    秦兰仪　　建设部人事教育劳动司巡视员

    耿品惠　　建设部人事教育劳动司培训处处长

办公室主任：

    吴　涛（兼）

办公室副主任：

    李燕鹏　　建设部建筑业司工程建设处副处长

    张卫星　　中国建筑业协会工程项目管理专业委员会秘书长

修 订 版 序 言

随着我国建筑业和建设管理体制改革的不断深化，建筑业企业的生产方式和组织结构也发生了深刻的变化，以施工项目管理为核心的企业生产经营管理体制已基本形成，建筑业企业普遍实行了项目经理责任制和项目成本核算制。特别是面对中国加入 WTO 和经济全球化的挑战，施工项目管理作为一门管理学科，其理论研究和实践应用也愈来愈加得到了各方面的重视，并在实践中不断创新和发展。

施工项目是建筑业企业面向建筑市场的窗口，施工项目管理是企业管理的基础和重要方法。作为对施工项目施工过程全面负责的项目经理素质的高低，直接反映了企业的形象和信誉，决定着企业经营效果的好坏。为了培养和建立一支懂法律、善管理、会经营、敢负责、具有一定专业知识的建筑业企业项目经理队伍，高质量、高水平、高效益地搞好工程建设，建设部自 1992 年就决定对全国建筑业企业项目经理实行资质管理和持证上岗，并于 1995 年 1 月以建建〔1995〕1 号文件修订颁发了《建筑施工企业项目经理资质管理办法》。在 2001 年 4 月建设部新颁发的企业资质管理文件中又对项目经理的素质提出了更高的要求，这无疑对进一步确立项目经理的社会地位，加快项目经理职业化建设起到了非常重要的作用。

在总结前一阶段培训工作的基础上，本着项目经理培训的重点放在工程项目管理理论学习和实践应用的原则，按照注重理论联系实际，加强操作性、通用性、实用性，做到学以致用的指导思想，经建设部建筑市场管理司和人事教育司同意，编委会决定对 1995 年版《全国建筑施工企业项目经理培训教材》进行全面修订。考虑到原编委工作变动和其他原因，对原全国建筑施工企业项目经理培训教材编委会成员进行了调整，产生了全国建筑业企业项目经理培训教材（修订版）编委会，自 1999 年开始组织对《施工项目管理概论》、《工程招投标与合同管理》、《施工组织设计与进度管理》、《施工项目质量与安全管理》、《施工项目成本管理》、《计算机辅助施工项目管理》等六册全国建筑施工企业项目经理培训教材及《全国建筑施工企业项目经理培训考试大纲》进行了修订。

新修订的全国建筑业企业项目经理培训教材，根据建筑业企业项目经理实际工作的需要，高度概括总结了 15 年来广大建筑业企业推行施工项目管理的实践经验，全面系统地论述了施工项目管理的基本内涵和知识，并对传统的项目管理理论有所创新；增加了案例教学的内容，吸收借鉴了国际上通行的工程项目管理做法和现代化的管理方法，通俗实用，操作性、针对性强；适应社会主义市场经济和现代化大生产的要求，体现了改革和创新精神。

我们真诚地希望广大项目经理通过这套培训教材的学习，不断提高自己的理论创新水平，增强综合管理能力。我们也希望已经按原培训教材参加过培训的项目经理，通过自学修订版的培训教材，补充新的知识，进一步提高自身素质。同时，在这里我们对原全国建筑施工企业项目经理培训教材编委会委员以及为这套教材做出杰出贡献的所有专家、学者和企业界同仁表示衷心的感谢。

全套教材由北京建筑工程学院丛培经教授统稿。

由于时间较紧，本套教材的修订中仍然难免存在不足之处，请广大项目经理和读者批评指正。

全国建筑业企业项目经理培训教材编写委员会

2001 年 10 月

修 订 版 前 言

　　《全国建筑业企业项目经理培训考试大纲（修订版）》是根据"全国建筑业企业项目经理培训教材"修订版编写的，分别由每册教材的主编组织编写。本大纲共七部分：1.施工项目管理概论；2.工程招标投标与合同管理；3.施工组织设计与进度管理；4.施工项目质量与安全管理；5.施工项目成本管理；6.施工项目技术知识；7.施工项目信息管理。本大纲的每一部分都包括按章编写的4项内容：1.学习内容与要求；2.学习重点和难点；3.教学中应注意的问题；4.复习思考题。本大纲供培训考试命题、教师授课辅导和学生复习备考使用，亦是教考分离后建立考试题库的命题大纲。

第 一 版 前 言

《全国建筑施工企业项目经理培训考试大纲》是根据新编 7 册"全国建筑施工企业项目经理培训教材"编写的，分别由每册教材的编者执笔。本大纲共 7 个部分：1. 施工项目管理概论；2. 工程招投标与合同管理；3. 施工组织设计与进度管理；4. 施工项目质量与安全管理；5. 施工项目成本管理；6. 施工项目技术知识；7. 计算机辅助施工项目管理。本大纲每一部分都包括按章编写的 4 项内容：1. 学习内容及要求；2. 学习重点和难点；3. 教学中应注意的问题；4. 复习思考题。本大纳供培训考试命题、教师授课辅导和学生复习备考使用。

本大纲由北京建筑工程学院丛培经教授统稿。

目　　录

施工项目管理概论

（32 学时）

第一章　施工项目管理概述

一、学习内容及要求

（一）施工项目的概念

1．熟悉施工项目的相关概念；

2．掌握施工项目管理的相关概念；

3．熟悉施工项目管理程序、建设程序及其相互关系。

（二）项目管理的产生与发展

1．了解项目管理学科产生的根源；

2．了解我国项目管理的发展历程；

3．熟悉我国推行施工项目管理制度的特点；

4．了解施工项目管理与建立现代企业制度的关系；

5．了解施工项目管理的地位和作用。

（三）施工项目管理的内容与方法

1．熟悉施工项目管理的指导思想；

2．掌握施工项目管理的内容；

3．熟悉施工项目管理方法的应用原则、基本方法和主要方法。

二、学习重点和难点

（一）学习重点

1．项目和施工项目，施工项目管理程序；

2．我国推行施工项目管理制度的特点；

3．项目管理的指导思想、主要内容和主要方法。

（二）学习难点

1．有关概念的特点；

2．我国推行施工项目管理制度的特点；

3．施工项目管理的内容。

三、教学中应注意的问题

1．从特点上理解项目管理的相关概念；

2．从理论、技术、生产上看项目管理的发展；

3．以系统观点把握项目管理的内容和方法。

四、复习思考题

1．什么是"项目"？它有哪些特点？

2. 什么是"施工项目"？它有哪些特点？

3. 什么是"施工项目管理"？它有哪些特点？

4. 建设程序与施工项目管理程序是什么关系？

5. 项目管理是怎样产生的？

6. 我国推行施工项目管理制度有什么特点？

7. 施工项目管理与建立现代企业制度是什么关系？

8. 施工项目管理的指导思想是什么？

9. 施工项目管理的内容是什么？

10. 施工项目管理方法的应用原则是什么？基本方法与主要方法有哪些？

第二章　施工项目管理组织

一、学习内容及要求

（一）施工项目管理组织概述

1. 了解施工项目管理组织的概念与职能；

2. 熟悉施工项目管理组织机构的作用；

3. 了解建立施工项目管理组织机构应考虑的问题；

4. 掌握施工项目管理组织机构的设置原则。

（二）施工项目管理组织形式

1. 了解施工项目管理组织形式的概念；

2. 熟悉各种施工项目管理组织形式的特征、优点、缺点和适用范围；

3. 掌握选择施工项目管理组织形式应考虑的因素。

（三）施工项目经理部的建立

1. 了解施工项目经理部的作用和设置原则；

2. 了解施工项目经理部的规模；

3. 熟悉施工项目经理部的人员配备和部门设置。

（四）施工项目管理制度建立与项目经理部解体

1. 了解施工项目管理制度的作用；

2. 掌握建立施工项目管理制度的原则；

3. 熟悉应建立哪些施工项目管理制度；

4. 熟悉施工项目经理部的解体条件及善后工作。

二、学习重点和难点

（一）学习重点

1. 施工项目管理组织机构设计的原则；

2. 选择施工项目管理组织机构组织形式的因素；

3. 施工项目经理部的部门设置；

4. 施工项目经理部的解体。

（二）学习难点

运用组织学原理设置项目经理部，使之能够正常运转并发挥应有作用。

三、教学中应注意的问题

1. 进行实例教学；

2. 讲透项目经理部是一次性组织的道理。

四、复习思考题

1. 什么是组织？什么是施工项目管理组织？

2. 施工项目管理组织机构的作用是什么？

3. 施工项目管理组织机构的设置原则是什么？

4. 什么是组织形式？

5. 各种组织形式的特点、优点、缺点和适用范围是什么？

6. 项目经理部有什么作用？其设置的原则是什么？

7. 项目经理部应设置哪些部门？

8. 建立施工项目管理制度的原则是什么？

9. 应建立哪些施工项目管理制度？

10. 施工项目经理部为什么要解体？怎样解体？

第三章 施 工 项 目 经 理

一、学习内容及要求

（一）施工项目经理的地位和人员选择

1. 熟悉项目经理的地位；

2. 掌握项目经理应具备的基本条件；

3. 掌握项目经理的资质等级、申请条件和考核注册方式；

4. 了解项目经理的选择方式；

5. 熟悉项目经理的基本工作和经常性工作；

6. 熟悉对项目经理管理的有关规定。

（二）施工项目经理责任制

1. 熟悉项目经理责任制的概念；

2. 熟悉项目经理责任制的作用；

3. 了解确立项目经理责任目标的原则；

4. 了解项目经理责任制的主体和重点；

5. 熟悉实行施工项目经理责任制的条件。

（三）施工项目经理的责权利

1. 熟悉项目经理的任务和职责；

2. 熟悉项目经理的权限；

3. 熟悉项目经理的利益。

（四）施工项目经理责任制管理目标责任体系的建立与考核

1. 熟悉项目管理目标责任体系的建立及"项目管理目标责任书"的内容；

2. 了解建立项目经理目标责任体系的做法；

3. 了解项目管理目标责任制的考核。

二、学习重点和难点

（一）学习重点

1. 项目经理的地位；

2. 项目经理的素质；

3. 项目经理的资质等级和注册；

4. 项目经理的工作；

5. 项目经理的管理；

6. 实行项目经理目标责任制的条件；

7. 项目经理的责权利；

8. 项目经理责任制管理目标责任体系的建立；

9. "项目管理目标责任书"的内容。

（二）学习难点

1. 项目经理的地位和基本条件；

2. 项目经理的工作；

3. 项目经理责任制的建立及责权利实施；

4. 项目管理目标责任体系的建立。

三、教学中应注意的问题

1. 结合实际进行课堂讨论；

2. 项目经理责任制的建立应进行案例教学；

3. 对目前的一些不正确理解进行剖析。

四、复习思考题

1. 项目经理在企业中和在项目管理中处于什么地位？

2. 项目经理应掌握哪些知识？

3. 项目经理的资质等级和申请条件是什么？

4. 项目经理怎样注册？

5. 项目经理应做哪些基本工作和经常性工作？

6. 怎样对项目经理进行管理？

7. 什么是项目经理责任制？实行项目经理责任制的条件是什么？

8. 项目经理应有哪些责、权、利？

9. 怎样建立项目管理目标责任体系？

10. "项目管理目标责任书"应含哪些内容？

第四章 施工项目目标控制

一、学习内容及要求

（一）施工项目管理规划

1. 熟悉两种施工项目管理规划的概念、特点及其与施工组织设计的关系；

2. 掌握施工项目管理规划的内容；

3. 熟悉施工项目管理规划的编制依据、WBS和目标落实。

（二）施工项目目标控制原理

1．熟悉施工项目目标控制的概念和任务；

2．掌握施工项目目标控制的基本理论；

3．熟悉施工项目目标制定原则、程序和 WBS。

4．掌握进度、质量、成本三大目标的关系；

5．熟悉施工项目目标控制的措施。

（三）施工项目风险管理

1．了解风险及风险成本；

2．熟悉风险管理的概念、过程及风险管理规划的几种方案。

（四）施工项目组织协调

1．了解施工项目组织协调的概念及导因；

2．熟悉组织协调的范围和内容；

3．熟悉施工项目各种组织协调实务。

（五）施工项目目标控制概述

1．了解施工项目进度控制的环节；

2．了解施工项目质量控制的要求；

3．了解施工项目安全控制特点和安全责任保证体系；

4．了解施工现场防火的特点；

5．了解施工项目成本控制的环节和施工项目核算制。

二、学习重点和难点

（一）学习重点

1．施工项目管理规划的内容和 WBS；

2．施工项目目标控制基本理论；

3．施工项目风险管理规划的几种方案；

4．施工项目组织协调的范围和内容。

（二）学习难点

1．施工项目管理规划的内容和 WBS；

2．风险管理规划；

3．组织协调的范围和实务。

三、教学中应注意的问题

1．学习本章主要是为学习《施工组织设计与进度管理》、《施工项目质量与安全管理》、《施工项目成本管理》三门课程提供理论基础，并建立施工项目目标控制整体概念，因此既要深入领会控制与组织协调的理论，又要注意领会各项目标控制的基本内容，避免与以后各门课程重复或产生矛盾；

2．注意风险管理知识在项目管理中的重要地位，要加深理解。

四、复习思考题

1．两类施工项目管理规划的特点及与施工组织设计的关系是什么？

2．施工项目管理规划包括哪些内容？

3．WBS 的概念与方法是什么？

4. 怎样落实施工项目管理目标?

5. 施工项目目标控制的要素有哪些?

6. 施工项目目标控制的基本理论有哪些?

7. 进度、质量、成本三项目标是什么关系?

8. 界面管理应注意什么问题?

9. 施工项目目标控制的具体任务有哪些?

10. 有哪些目标控制措施?

11. 什么叫风险? 什么叫风险管理?

12. 风险产生的原因是什么? 什么是风险成本?

13. 怎样进行风险管理? 风险管理规划的内容是什么?

14. 什么是组织协调? 其范围有哪些?

15. 组织协调的内容是什么?

16. 如何进行组织协调?

17. 施工项目各项目标控制的特点与环节有哪些?

第五章　施工项目现场管理和生产要素管理

一、学习内容及要求

（一）施工项目现场管理

1. 熟悉施工项目现场管理的概念及意义;

2. 了解施工项目现场管理的内容;

3. 掌握对施工项目现场管理的要求。

（二）施工项目生产要素管理的概念

1. 了解生产要素的内容和生产要素管理的意义;

2. 熟悉生产要素管理的主要环节;

3. 掌握各项生产要素管理的主要特点。

（三）施工项目人力资源管理

1. 了解劳动力的优化配置;

2. 熟悉劳务分包企业;

3. 熟悉劳动力动态管理。

（四）施工项目材料管理和机械设备管理

1. 熟悉施工项目材料供应体制;

2. 熟悉施工项目现场材料管理;

3. 熟悉施工项目机械设备供应渠道和管理权限;

4. 了解施工项目机械设备的合理使用要求;

5. 了解机械设备磨损、保养和修理。

（五）施工项目资金管理

1. 熟悉施工项目资金收支对比图;

2. 了解施工项目资金来源;

3.熟悉施工项目资金管理要点。

（六）施工项目技术管理

1.了解施工项目技术管理的内容；

2.熟悉施工项目主要技术管理制度；

3.了解施工项目的主要技术管理工作；

4.了解施工项目技术管理组织体系。

二、学习重点和难点

（一）学习重点

1.施工项目现场管理的要求；

2.各项生产要素管理的主要特点；

3.劳动力的动态管理；

4.施工项目材料现场管理；

5.施工项目机械设备的合理使用。

（二）学习难点

1.施工项目现场管理的要求；

2.施工项目材料现场管理。

三、教学中应注意的问题

1.注意施工项目生产要素管理的经济性；

2.注意施工项目生产要素管理体制改革；

3.注意利用市场机制管理生产要素。

四、复习思考题

1.施工现场的概念及现场管理的意义是什么？

2.施工项目现场管理的内容有哪些？

3.施工项目现场管理的要求有哪些？

4.生产要素的内容有哪些？其管理的意义是什么？

5.各种生产要素管理的特点是什么？

6.怎样进行施工项目劳动力配置？

7.施工项目劳动力管理体制如何？

8.施工项目材料供应体制如何？

9.怎样进行施工项目材料现场管理？

10.施工项目机械设备管理体制如何？

11.怎样理解施工项目资金收支对比图？

12.有哪些技术管理制度？

第六章　建设工程施工监理

一、学习内容及要求

（一）建设工程监理概述

1.熟悉建设工程监理的概念、性质及准则；

2．掌握建设工程监理的依据和内容；

3．熟悉建设项目监理程序；

4．了解监理机构与承包人之间的关系。

（二）施工准备阶段的监理工作及工地例会

1．了解施工准备阶段监理工作的内容；

2．熟悉第一次工地会议；

3．了解工地例会的内容。

（三）监理机构的目标控制

1．了解监理机构施工进度控制；

2．了解监理机构施工质量控制；

3．了解监理机构施工造价控制。

（四）施工合同管理

1．了解工程暂停及复工；

2．了解工程变更的管理；

3．了解费用索赔的处理；

4．了解工程延期及延误的处理；

5．了解合同争议的调解；

6．了解合同的解除。

二、学习重点及难点

（一）学习重点

1．建设工程监理的性质及准则；

2．建设工程监理的内容；

3．第一次工地会议；

4．施工合同管理的内容。

（二）学习难点

1．建设工程监理准则；

2．施工准备阶段的监理；

3．施工合同管理。

三、教学中应注意的问题

1．应从建设工程监理与施工项目管理的关系上学习本章内容；

2．本章可以自学或安排一次课堂讨论。

四、复习思考题

1．建设工程监理的定义和性质是什么？

2．建设工程监理的依据和内容有哪些？

3．试述建设工程监理程序。

4．第一次工地会议的内容有哪些？

5．施工准备阶段监理的内容有哪些？

6．试述施工阶段监理各项目标控制的程序。

7．建设工程监理施工合同管理的各项要点是什么？

第七章　施工项目后期管理

一、学习内容及要求

（一）施工项目竣工验收

1．熟悉两种竣工验收的区别；

2．了解施工项目竣工验收条件和标准；

3．了解施工项目竣工验收程序和准备工作；

4．熟悉施工项目竣工资料的内容；

5．了解竣工验收管理。

（二）施工项目产品回访与保修

1．了解施工项目产品回访与保修的意义；

2．了解施工项目产品回访保修范围；

3．熟悉保修期规定；

4．掌握保修责任与做法；

5．了解回访实务。

（三）施工项目结算

1．了解施工项目结算的意义；

2．熟悉施工项目价款结算方式；

3．了解施工项目结算依据；

4．了解施工项目竣工结算实务；

5．了解材料往来的结算。

（四）施工项目管理分析与考核评价

1．了解施工项目全面分析指标体系；

2．了解施工项目单项分析的内容；

3．了解施工项目管理考核与评价。

（五）施工项目管理总结与工法

1．熟悉施工项目管理总结；

2．掌握工法的概念及内容。

二、学习重点和难点

（一）学习重点

1．两种竣工验收的区别；

2．施工项目竣工资料条件；

3．施工项目竣工资料的内容；

4．保修期的规定；回防保修责任与做法；

5．施工项目价款竣工结算方式；

6．施工项目工法的概念及内容。

（二）学习难点

1．施工项目竣工验收条件和标准；

2．施工项目回访保修做法；

3．工法的内容与编写。

三、教学中应注意的问题

1．竣工验收、保修、结算、工法等均有法规规定，教学中既以制度作标准，又要贯彻法规；

2．尽量用实例教学；

3．注意市场条件下所产生的变化。

四、复习思考题

1．两种竣工验收有什么区别？

2．施工项目竣工验收的标准是什么？

3．施工项目竣工验收的程序如何？

4．施工项目竣工资料的内容有哪些？

5．回访与保修有什么意义？

6．保修期的规定如何？

7．怎样保修？

8．有哪些竣工结算方式？

9．有哪些施工项目全面分析指标？

10．施工项目单项分析有哪些内容？

11．施工项目管理考核评价的对象、期限与指标是什么？

12．施工项目总结的内容有哪些？

13．工法的概念与核心是什么？

14．施工项目工法的内容有哪些？

工程招投标与合同管理

（48 学时）

第一章　合同法律制度

一、学习内容及要求
（一）合同法概述
1．了解合同的概念；
2．了解合同的形式及内容；
3．掌握订立合同的方式；
4．了解订立合同的其他规定。
（二）合同的效力
1．熟悉合同生效要件；
2．熟悉效力待定合同；
3．熟悉无效合同；
4．熟悉可变更或者可撤销合同；
5．熟悉无效合同的法律责任。
（三）合同履行
1．掌握全面履行合同；
2．掌握债务人履行；
3．掌握债权人的代位权、撤销权和抗辩权。
（四）合同的变更、转让与终止
1．熟悉合同的变更；
2．熟悉合同的转让；
3．熟悉合同的终止。
（五）违约责任
1．熟悉违约责任的概念及方式；
2．熟悉违约责任的免除。
（六）其他规定
1．了解合同管理；
2．了解合同争议的解决。
二、学习重点和难点
1．合同的形式、内容及订立的方式；
2．合同的效力；
3．合同的履行；

4. 合同的变更、转让与终止；

5. 违约责任及争议解决。

三、教学中应注意的问题

讲授本章内容时，应将教材第一节《民法通则》中的相关知识融会贯通传授给学员。如民事主体中的法人制度、代理制度、时效制度等相关知识。依据《合同法》的规定，对其中的重点及难点结合具体案例阐述之，以利学员对法条、法理的理解。

四、复习思考题

1. 合同的概念及其特点是什么？

2. 订立合同应遵守哪些基本原则？

3. 我国《合同法》规定合同的形式有哪几种？

4. 《合同法》规定和合同一般条款有哪些？

5. 试述要约的概念及要约生效应具备哪些条件？

6. 试述承诺的概念及承诺生效应具备哪些条件？

7. 《合同法》关于违反合同前义务应承担法律责任的规定有哪些？

8. 《合同法》规定哪些合同为无效合同及无效合同的法律责任？

9. 试述同时履行抗辩权和异时履行抗辩权的法律规定。

10. 试述债权人的代位权和撤销权的法律规定。

11. 试述合同权利转让、合同义务转移和合同权利义务一并转让的法律规定有哪些？

12. 《合同法》关于合同解除有哪些法律规定？

13. 违约者承担违约责任的方式有哪些？

14. 合同争议解决的方式有哪些？

第二章 招投标与合同管理的相关法律

一、学习内容及要求

（一）建筑法

1. 了解建筑法的概念及立法目的；

2. 掌握建筑工程许可；

3. 掌握建筑工程发包与承包；

4. 掌握建筑工程监理制度；

5. 熟悉建筑工程质量与安全生产制度。

（二）民事诉讼法

1. 了解民事诉讼法的概念及基本原则；

2. 掌握起诉与答辩；

3. 掌握管辖；

4. 熟悉财产保全与先予执行；

5. 熟悉强制措施；

6. 熟悉民事诉讼的主要程序。

（三）仲裁法

1．了解仲裁的概念及仲裁范围；

2．了解仲裁协议；

3．熟悉仲裁的主要程序；

4．熟悉申请撤销裁决；

5．熟悉裁决的执行。

（四）担保法

1．了解担保的概念；

2．熟悉保证；

3．熟悉抵押；

4．熟悉质押；

5．熟悉留置；

6．熟悉定金。

（五）保险法

1．了解保险的概念；

2．了解保险合同的概念及特征；

3．掌握工程保险；

二、学习重点及难点

1．建筑工程许可制度与建筑工程发包与承包制度；

2．建筑工程质量与安全生产制度；

3．起诉与答辩；

4．财产保全与先予执行；

5．民事诉讼的主要程序；

6．仲裁的概念及仲裁范围；

7．仲裁协议；

8．仲裁的主要程序；

9．担保的概念及其法定方式；

10．保险合同的概念及其特征；

11．工程保险。

三、教学中应注意的问题

本章内容是为学员学习和掌握招投标与合同管理配套的相关法律知识。每一节都是一部独立的法律，因此，授课人应依据特定的学习对象，有重点地进行讲授。例如《建筑法》中的"建筑工程许可"、"工程发包与承包"、"建筑工程质量与安全生产制度"等。其他四部法律的内容，也应以围绕培养"项目经理"为目标，结合必要的案例进行讲授。

四、复习思考题

1．申请建筑工程许可的条件及法律后果的内容是什么？

2．建筑工程承包人应注意的法律规定有哪些？

3．建筑工程质量责任和建筑安全生产的基本要求有哪些规定？

4．民事诉讼法特有的原则及受案范围的规定是什么？

5．起诉与答辩，财产保全与先予执行的法律规定是什么？

6. 民事诉讼程序的法律规定是什么？

7. 仲裁的概念和种类有哪些？

8. 仲裁协议及其效力的内容是什么？

9. 仲裁裁决的执行有哪些规定？

10. 担保的概念及我国《担保法》中规定的担保方式有哪几种？

11. 保险合同的概念及特征是什么？

12. 工程保险包括哪些种类？

第三章　建设工程市场

一、学习内容及要求

（一）概述

1. 掌握建设工程市场的概念；

2. 了解建设市场管理体制和我国建设市场发展的历程；

3. 了解政府对建设市场管理的任务。

（二）建设工程市场的主体和客体

1. 掌握建设市场的主体及其相互关系；

2. 掌握建设市场的客体。

（三）建设工程市场的资质管理

1. 掌握建筑业企业的资质管理；

2. 熟悉专业人士的资质管理。

（四）建设工程交易中心

1. 掌握建设工程交易中心的性质与作用；

2. 熟悉建设工程交易中心的基本功能；

3. 了解建设工程交易中心的运行原则；

4. 了解建设工程交易中心运作的一般程序。

二、学习重点和难点

1. 建设市场的体系与构成；

2. 业主、承包商、工程咨询服务机构在建设市场中的地位和作用；

3. 建筑产品的特点和特性；

4. 建设市场资质管理的主要对象；

5. 我国建设工程交易中的性质和作用。

三、教学中应注意的问题

1. 注意以市场经济理论为基础，说明建设市场的特点，建设市场与市场经济的关系，建设市场与建设市场管理体系的关系及政府如何管理建设市场；

2. 注意建设市场的主体及其在市场中的相互关系；

3. 从建筑产品的特点，说明建筑商品的特性；

4. 建设工程交易中心在我国的特殊作用。

四、复习思考题

1．什么叫建设市场？

2．什么是建设市场的工程市场、要素市场和咨询市场？

3．1984 年国务院颁发的《关于基本建设和建筑业管理体制的若干规定》对发展建设市场的作用是什么？

4．经济发达国家和我国目前建设管理体制有何区别？

5．政府对建设市场管理的主要任务是什么？

6．我国工程建设项目建设单位产生的方式有哪些？

7．作为工程承包的建筑业企业应具备哪些方面的条件？

8．工程咨询机构在建设市场中的作用是什么？应该注意避免什么风险？

9．什么是建设市场的客体？他们进入建设市场有什么条件？

10．建筑产品有什么特点和特性？

11．如何对承包人和咨询单位的资质进行管理？

12．专业人士及其组织在建设市场中的作用是什么？

13．我国的建设工程交易中心的性质和作用是什么？

14．建设工程交易中心的基本功能和运行原则是什么？

15．在建设工程交易中心进行交易的一般程序是什么？

第四章　施工项目招标

一、学习内容及要求

（一）概述

1．了解我国建筑市场中招标存在的问题；

2．掌握建筑市场与招投标的关系；

3．了解施工项目招标的分类方法；

4．熟悉我国施工项目招标方式。

（二）施工项目施工招标程序

1．掌握施工项目招标的条件；

2．熟悉施工项目招标的程序。

（三）施工项目招标文件的编写

1．掌握"投标须知"的内容；

2．了解"合同条件"的要求；

3．熟悉"合同格式"的内容和要求；

4．了解"技术规范"的内容和要求；

5．熟悉"投标书及投标书附录"的内容和要求；

6．掌握"工程量清单与报价表"的内容和要求；

7．熟悉"辅助资料表"的内容；

8．了解"资格预审表"的内容。

（四）施工项目招标其他若干问题

1．了解资格预审通告和招标通告发布的方式和内容；

2．熟悉资格预审文件的内容；

3．掌握勘察现场的内容；

4．熟悉工程标底的编制；

5．掌握开标、评标、定标的过程和要求；

6．熟悉招标代理的聘用要求。

（五）国际施工项目招标

熟悉国际施工项目招标的方式和习惯做法。

二、学习重点和难点

1．重点学习施工项目招标文件的内容和要求及编写方法；

2．全面掌握"投标须知"中所涉及有关概念；

3．勘察现场、开标、评标、定标过程的关键内容和要求。

三、教学中应注意的问题

1．在讲述投标文件内容编写时，应将"投标须知"的内容适当展开，突出与投标有关的基本概念；

2．对于施工项目招标其他问题一节，讲清各项内容在招标中的作用和在招标中实际操作的情况。

四、复习思考题

1．我国在施工项目招标中存在哪些主要问题？

2．建筑市场与施工项目招标有什么关系？

3．勘察与设计招标的标的有什么区别？

4．什么单位可以作为勘察招标的招标人？

5．建设单位作为招标人应具备什么条件？

6．施工项目应在何时报建？

7．"联营体协议书"应符合哪些规定和要求？

8．投标的货币可以采用哪几种方式？

9．在招标文件中如何对投标文件做出规定的？

10．什么叫投标有效期？

11．对投标有效期的延长有什么规定？

12．对投标截止日期与投标文件的递交、修改和撤回有什么规定？

13．投标文件澄清的目的和方式是什么？

14．对投标文件是否实质上响应了招标文件进行鉴定的主要工作是什么？

15．对投标文件的错误修正指的是什么？

16．在授予合同过程中的主要工作是什么？

17．在招标文件中对合同条件内容的编写有什么要求和规定？

18．合同格式包括哪些内容？

19．招标文件中的技术规范包含什么内容？

20．招标书附录与合同条件有什么关系？

21．工程量清单与报价表的用途是什么？

22．在制定工程量清单与报价表时应注意什么问题？

23．工程量清单与报价表的前言应说明哪些问题？

24．辅助资料表包括什么内容？

25．在投标文件中的资格审查表一般在什么情况下采用？

26．图纸指哪些内容？在投标中对投标人有何作用？

27．在什么情况下，需要发布招标通告和资格预审通告？

28．资格预审文件包括哪些内容？

29．投标人在勘察现场时应注意了解哪些问题？

30．编制工程标底时应注意哪些问题？

31．开标应注意什么问题？

32．如何建立评标委员会（小组）？

33．定标方法有哪些？

34．招标代理在接受委托代理业务时应注意什么问题？

35．世行贷款项目的招标方式有哪些？

第五章　施 工 项 目 投 标

一、学习内容及要求

（一）投标人及投标组织

1．掌握投标人应具备的条件；

2．熟悉投标组织；

3．了解工程联合承包的方式。

（二）投标程序

1．掌握投标工作程序图；

2．掌握投标过程的工作。

（三）投标决策与技巧

1．熟悉投标决策的含义；

2．熟悉投标决策阶段的划分；

3．掌握影响投标决策的主客观因素；

4．熟悉投标技巧的含义；

5．掌握投标技巧的种类。

（四）投标文件

1．掌握投标文件的编制；

2．掌握投标文件组成。

（五）国际工程投标

1．熟悉国际工程投标工作程序；

2．熟悉国际工程投标应注意的事项。

二、学习重点和难点

1．投标人应具备的条件；

2．投标程序；

3．投标文件的编制与组成；

4．投标的决策与技巧。

三、教学中应注意的问题

施工项目投标较之其他方面的投标，如货物的、服务的投标，内容多而复杂。另外，招标投标制在我国推行起步较晚，但是发展很快。1999 年 8 月 30 日第九届全国人民代表大会常务委员会第十一次会议通过并出台了《中华人民共和国招标投标法》。此法出台的前后还有许多配套的行政规章和规定，如《工程建设施工招标投标管理办法》及我国有关招标文件范本等。讲授中应力求掌握教材的基本内容，以法为指导，结合实例进行教学，做到理论联系实际，以达到良好的教学效果。

四、复习思考题

1．名词解释：项目投标、投标人、投标决策、资格预审、投标文件。

2．投标文件对招标文件做出的实质性响应是什么？

3．工程承包联合体应具备的投标能力有哪些？

4．投标的重要意义及投标班子应具备的条件。

5．投标程序的要点有哪些？

6．招标中资格预审的内容有哪些？

7．投标决策的主要内容及影响因素有哪些？

8．投标技巧在投标中的作用及方法有哪些？

9．投标前现场考察与调研的内容有哪些？

10．试述编制投标文件的依据及步骤，投标文件的组成及主要内容。

第六章 投 标 报 价

一、学习内容及要求

（一）投标报价的组成

1．掌握直接费的组成；

2．掌握间接费的组成；

3．掌握利润和税金；

4．掌握不可预见费。

（二）投标报价单的编制

1．掌握建设工程施工工程量计价方式；

2．掌握投标报价单的编制。

（三）投标报价的宏观审核

1．熟悉投标报价宏观审核的几种方法；

2．熟悉综合定额估算法的程序。

（四）投标报价的策略

1．掌握决定投标报价策略的主客观因素；

2．掌握常见的投标策略方式；

3．掌握作价的技巧。

（五）国际工程投标报价

1. 熟悉国际工程投标报价组成；

2. 熟悉我国对外投标报价的具体做法简介。

二、学习重点和难点

1. 投标报价的组成；

2. 投标报价单的编制；

3. 投标报价的宏观审核；

4. 投标报价的策略。

三、教学中应注意的问题

在投标中，投标报价工作复杂而重要，一般是招标人择优选择投标人的最重要条件；是合同双方当事人谈判的实质性内容。它涉及的知识面很广，而且复杂，如涉及工程设计、施工、维修养护知识；涉及承包、劳务、分包、担保、保险、税收等法律知识；涉及信贷、结算、保函、货币等业务知识。教学中应注意这些方面的概念和有关知识，同时结合《建设工程施工招标文件范本》进行教学。

四、复习思考题

1. 投标报价由几部分组成？

2. 建设工程施工计价方式有几种？各适应何种情况？

3. 建设工程施工公开招标的投标报价单由几部分组成？

4. 投标报价宏观审核的方法有几种？

5. 简述综合定额估算法的程序。

6. 决定投标报价策略应考虑哪些主客观因素？

7. 常见的投标策略有哪些？

8. 国际工程投标报价由几部分组成？

第 七 章　建 设 工 程 合 同

一、学习内容及要求

（一）概述

1. 掌握建设工程合同的概念；

2. 熟悉建设工程合同的特征；

3. 熟悉建设工程合同的种类。

（二）建设工程勘察、设计合同

1. 掌握《建设工程勘察合同（示范文本）》（一）（二）（GF-2000-0203）（GF-2000-0204）、《建设工程设计合同（示范文本）》（GF-2000-0209）（GF-2000-0210）主要内容；

2. 熟悉建设工程勘察、设计合同的订立；

3. 熟悉建设工程勘察、设计合同的主要内容；

4. 熟悉建设工程勘察、设计合同的履行；

5. 熟悉建设工程勘察、设计合同的变更与解除；

6. 熟悉建设工程勘察、设计合同的违约责任。

（三）建设工程监理合同

1．掌握《建设工程委托监理合同（示范文本）》（GF-2000-0202）主要内容；

2．熟悉建设工程监理合同当事人的权利义务；

3．熟悉建设工程监理合同的履行。

（四）建设工程相关合同

1．熟悉买卖合同；

2．了解货物运输合同；

3．熟悉保险合同；

4．熟悉租赁合同；

5．掌握承揽合同。

二、学习重点和难点

1．建设工程合同不同角度的分类；

2．《勘察、设计合同（示范文本）》（GF-2000-0203、0204、0209、0210）的主要内容及适用范围；

3．《建设工程监理合同（示范文本）》（GF-2000-0202）主要内容；

4．财产保险合同与承揽合同。

三、教学中应注意的问题

1．结合《中华人民共和国合同法》总则及分则第十六条关于《建设工程合同》的规定，解释建设工程合同的概念及特征；

2．注意建设工程合同种类划分的依据及适用范围；

3．建设工程勘察、设计合同以示范文本为依据，说明当事人的权利义务；

4．建设工程监理合同以示范文本为依据，说明建设工程监理合同的履行。

四、复习思考题

1．什么是建设工程合同？

2．建设工程合同与承揽合同的关系？

3．建设工程合同的种类如何划分？

4．《建设工程勘察合同（示范文本）》（一）（二）有何异同？

5．《建设工程设计合同（示范文本）》（一）（二）有何异同？

6．建设工程勘察、设计合同应包括哪些主要内容？

7．建设工程勘察、设计合同履行有何要求？

8．建设工程勘察、设计合同变更与解除应符合什么条件？

9．建设工程勘察、设计合同的违约责任如何承担？

10．《建设工程委托监理合同（示范文本）》（GF-2000-0202）如何适用？

11．建设工程监理合同如何规定监理单位的权利义务？

12．建设工程监理合同履行有何要求？

13．买卖合同与租赁合同有何异同？

14．运输合同履行中应注意什么？

15．保险合同的基本条款有哪些？

16．承揽合同如何履行？

第八章 建设工程施工合同与管理

一、学习内容及要求

（一）概述

1. 掌握建设工程施工合同的概念；

2. 熟悉建设工程施工合同订立的基本要求；

3. 熟悉《建设工程施工合同（示范文本）》。

（二）施工合同双方的一般权利与义务

1. 掌握发包人的工作内容；

2. 掌握承包人的工作内容；

3. 熟悉监理工程师的产生和职权；

4. 熟悉项目经理的产生和职责。

（三）建设工程施工合同的质量要求

1. 熟悉施工企业质量管理工作；

2. 熟悉《施工合同文本》关于标准、规范和图纸的规定；

3. 掌握材料设备供应的质量控制；

4. 掌握工程验收的质量控制。

（四）建设工程施工合同的经济条款

1. 掌握施工合同的价款及调整；

2. 掌握工程预付款及工程款支付程序；

3. 熟悉确定变更价款；

4. 熟悉施工合同涉及的其他费用；

5. 掌握竣工结算及质量保修金的有关规定。

（五）建设工程施工合同的进度条款

1. 熟悉施工准备阶段的进度控制；

2. 掌握施工阶段的进度控制；

3. 掌握竣工验收阶段的进度控制

（六）建设工程施工合同的管理

1. 了解施工合同管理的内涵；

2. 熟悉不可抗力、保险和担保的管理；

3. 掌握工程转包与分包的界定；

4. 熟悉合同争议的解决途径；

5. 掌握施工合同的解除条件；

6. 熟悉施工合同违约责任。

二、学习重点和难点

1. 施工合同示范文本的结构；

2. 施工合同双方的权利与义务；

3. 施工合同的价款及调整；

4．施工合同的进度控制；

5．施工合同的管理。

三、教学中应注意的问题

1．以《施工合同示范文本》为依据，说明合同当事人的基本权利与义务；

2．施工合同订立的基本要求；

3．《中华人民共和国合同法》总则与分则第十六章的规定在施工合同管理中的适用条件；

5．施工合同履行中如何进行质量控制、进度控制及合同价款的支付与取得。

四、复习思考题

1．什么是建设工程施工合同？订立合同的主体有何要求？

2．施工合同订立应具备什么条件？

3．《建设工程施工合同（示范文本)》的重要内容是什么？

4．施工合同发包人的主要工作？

5．施工合同承包人的主要工作？

6．监理工程师如何产生及其职责？

7．项目经理的产生和职责？

8．施工合同关于标准、规范和图纸的规定如何适用？

9．如何对材料设备进行质量控制？

10．工程验收如何进行质量控制？

11．质量保修责任如何承担？

12．施工合同价款如何约定及调整？

13．工程付款包括哪些内容？

14．竣工结算有哪些要求？

15．施工合同进度控制主要条款有哪些？

16．不可抗力造成的后果如何承担？

17．工程转包与分包如何区分？

18．施工合同解除的条件是什么？

19．施工合同违约责任如何承担？项目经理如何面对？

第九章 FIDIC《土木工程施工合同条件》

一、学习内容及要求

（一）国际咨询工程师联合会简介

1．了解国际咨询工程师联合会的概况；

2．了解 FIDIC 编制的各类合同条件的特点；

3．熟悉如何运用 FIDIC 编制的合同条件。

（二）FIDIC《土木工程施工合同条件》内容简介

1．熟悉工程师与工程师代表的规定；

2．熟悉合同的转让和分包的规定；

3．熟悉合同文件与图纸；

4．掌握承包人的一般义务；

5．熟悉风险与保险的规定；

6．熟悉工程的开工、工期延长和暂停的规定；

7．熟悉工程移交的规定；

8．了解缺陷责任期；

9．熟悉变更、增加与删减的规定；

10．掌握工程的计量；

11．掌握质量检查的规定；

12．熟悉承包人违约情况；

13．熟悉发包人的违约情况；

14．熟悉索赔程序；

15．熟悉暂定金额的规定；

16．熟悉证书与支付的规定；

17．熟悉争端的解决程序；

18．熟悉费用和法规的变更；

19．了解货币和汇率。

二、学习重点和难点

1．重点学习 FIDIC《土木工程施工合同条件》(红皮书) 1992 修订版，若结合 FIDIC1999 年出版的新红皮书更好；

2．对承包人的一般义务要全面了解；

3．工程风险与保险要正确理解；

4．在合同履行过程中承包人和发包人可能违约的情况要全面掌握。

三、教学中应注意的问题

1．FIDIC 合同条件应系统概要介绍，并讲清不同的合同条件的适用范围；

2．结合我国加入 WTO 的现状及 FIDIC 合同条件在我国工程建设中的应用，强调 FIDIC 合同条件的特点及熟悉掌握的必要性；

3．FIDIC《土木工程施工合同条件》内容讲解应突出发包人、承包人、工程师的权利、义务、职责。

四、复习思考题

1．FIDIC 的含义是什么？

2．FIDIC 编制的各类合同条件有哪些？

3．FIDIC 编制合同条件具有什么特点？

4．如何适用 FIDIC 合同条件？

5．FIDIC《土木工程施工合同条件》1992 年版对 1988 年版进行了哪些修改？

6．FIDIC《土木工程施工合同条件》通用条件包括哪些主要内容？

7．工程师和工程师代表如何产生？其职责是什么？

8．合同的转让和分包如何规定？

9．承包人的一般义务有哪些？

10．工程风险如何承担？

11．工程的开工、工期延长和暂停、工程的移交、缺陷责任期、工程变更、增加与删减是如何规定的？

12．工程计量有何要求？

13．如何进行工程质量检查？

14．如何认定发包人、承包人的违约？

15．如何进行索赔？

16．暂定金额的使用与支付有何要求？

17．证书与支付有何要求？

18．如何解决争端？

第十章 工程施工索赔

一、学习的内容要求

（一）概述

1．了解施工索赔的定义及发生的原因；

2．熟悉索赔分类的方法；

3．掌握施工索赔与施工项目管理与合同管理的关系。

（二）施工索赔的处理过程

1．掌握索赔意向通知的内容；

2．熟悉索赔证据准备的内容；

3．掌握索赔报告编写的内容和应注意的问题；

4．熟悉索赔报告提交、评审和承包人应注意的问题；

5．了解索赔争端解决的程序。

（三）索赔的计算方法

1．掌握工期索赔发生的原因及其处理原则；

2．掌握工期索赔值的一般计算方法；

3．掌握经济索赔的各种计算方法；

（四）索赔成功的关键

1．了解索赔小组的组成和作用；

2．熟悉索赔应注意的战略和策略；

3．掌握索赔的技巧。

（五）索赔案例

掌握各类索赔案例中的依据、证据和计算方法。

二、学习重点和难点

1．深刻理解施工索赔的涵义；

2．注意各类索赔处理的原则；

3．熟练掌握各类索赔的计算方法与技巧。

三、教学中应注意的问题

1．注意突出施工索赔与施工合同管理的关系；

2．在索赔计算中要注意根据不同情况和依据选择不同的计算方法；

3．通过案例，学会对索赔的处理方法和原则。

四、复习思考题

1．什么叫施工索赔？

2．在工程施工中为什么会经常发生索赔？

3．什么叫工期索赔和经济索赔？

4．什么叫单项索赔和一揽子索赔？

5．延期索赔处理的原则是什么？在什么情况下可得到经济索赔？

6．什么是工程变更索赔？

7．加速施工索赔应注意什么问题？

8．如何处理不利现场条件索赔？

9．什么是合同索赔和合同外索赔？

10．索赔与项目管理和合同管理有什么关系？

11．索赔意向通知应包含什么内容？

12．索赔的证据包括哪些资料？

13．如何编写索赔报告和应当注意的问题是什么？

14．发包人怎样对承包人的索赔报告进行评审？

15．如何解决索赔争端？

16．如何计算工期索赔的时间？

17．如何对各项经济索赔进行计算及应注意什么问题？

18．索赔的正确战略和策略是什么？

19．你认为索赔有什么技巧？

20．你对教材中的索赔案例做出怎样的分析和评价？

21．你在施工中有什么典型的索赔案例？

施工组织设计与进度管理

（40 学时）

第一章 施工组织概论

一、学习内容及要求

（一）建筑施工组织研究的对象和任务

1. 了解建筑施工组织研究的对象和任务；

2. 熟悉现代建筑施工组织的特点。

（二）建筑产品及其生产的特点

1. 掌握建筑产品及其生产的特点；

2. 认织编制施工组织设计的必要性。

（三）施工项目准备工作

1. 了解施工准备工作的重要性及施工准备工作的分类；

2. 掌握施工准备工作的内容。

（四）施工组织设计

1. 掌握施工组织设计的概念及编制施工组织设计的重要性；

2. 了解施工组织设计的作用；

3. 掌握施工组织设计的分类及相应的内容；

4. 熟悉施工组织设计的编制、贯彻、检查与调整、审批。

（五）组织项目施工的基本原则

1. 了解组织项目施工的基本原则；

2. 掌握如何安排施工程序及施工顺序，以处理好各种关系。

二、学习重点和难点

1. 建筑产品及其生产的特点；

2. 施工准备工作的分类及内容；

3. 施工组织设计的分类及施工组织总设计、单位工程施工组织设计和分部分项工程作业设计之间的关系。

三、教学中应注意的问题

1. 讲清概念；

2. 把学科范围及应用对象学明白；

3. 为第四、五章打好学习基础。

四、复习思考题

1. 建筑施工组织研究的基本任务是什么？

2. 建筑产品及其生产具有哪些特点？

3．工程施工之前为什么要编制施工组织设计？

4．施工组织设计如何分类？相应内容是什么？

5．在正确安排施工程序和施工顺序时，应处理好哪几种关系？

6．为什么说施工准备工作贯穿于整个工程施工的全过程？

7．施工准备工作如何分类？施工准备工作的内容主要有哪些？

8．技术准备的主要内容有哪些？

第二章　建筑流水施工

一、学习内容及要求

（一）流水施工的基本概念

1．组织施工的方式及特点分析；

2．流水施工的基本概念；

3．流水施工的技术经济效果；

4．流水施工的分级和表达方式；

5．流水参数的基本概念；

6．掌握流水参数的种类及其确定的方法。

（二）等节拍专业流水

1．了解等节拍专业流水的基本概念及主要特点；

2．掌握组织等节拍专业流水施工的具体方法和步骤。

（三）异节拍专业流水

1．了解异节拍专业流水的基本概念及主要特点；

2．掌握组织异节拍专业流水施工的具体方法和步骤。

（四）无节奏专业流水

1．了解无节奏专业流水的基本概念及主要特点；

2．掌握组织无节奏专业流水施工的具体方法和步骤。

（五）流水施工实例

了解书中的流水施工实例。

二、学习重点和难点

1．流水施工的基本概念及流水施工的技术经济效果；

2．流水参数的基本概念、种类；

3．主要流水参数的确定原则及方法；

4．各种流水施工方式的特点；

5．组织等节拍专业流水、异节拍专业流水和无节奏专业流水的具体方法和步骤。

三、教学中应注意的问题

1．领会流水施工的技术经济效果及各流水参数的含义；

2．学会利用流水施工技术组织流水作业并绘制流水作业图；

3．要进行课堂练习。

四、复习思考题

1. 什么是流水施工？流水施工的技术经济效果体现在哪些方面？

2. 什么是流水参数？试述流水参数的种类。

3. 为什么划分施工段？划分施工段的基本原则是什么？

4. 什么是流水节拍？在流水节拍确定时应考虑哪些因素？

5. 什么是流水步距？确定流水步距时应考虑哪些因素？

6. 流水施工的基本方式有哪几种？施工中最常用的方式是什么？

7. 流水施工的表达方式有哪几种？

8. 等节拍专业流水具有什么特点？试述其组织方法和步骤。

9. 异节拍专业流水具有什么特点？试述其组织方法和步骤。

10. 无节奏专业流水具有什么特点？试述其组织方法和步骤。

第三章　网络计划技术

一、学习内容及要求

（一）概述

1. 了解网络计划技术的发展过程及其应用；

2. 充分理解网络计划技术的基本原理，并且通过与其他计划编制方法的比较，了解网络计划技术的特点。

（二）双代号网络计划

1. 了解双代号网络计划的基本概念及双代号网络图的组成；

2. 掌握双代号网络图绘制的基本原则和应注意的问题；

3. 了解网络图的类型；

4. 应用工作计算法计算各项时间参数；

5. 应用节点计算法计算各项时间参数；

6. 在充分理解上述方法的基础上重点掌握图上计算法；

7. 了解双代号时标网络的基本概念及特点；

8. 掌握双代号时标网络的绘制方法；

9. 掌握双代号时标网络计划关键线路及有关时间参数的确定方法。

（三）单代号搭接网络计划

1. 了解单代号搭接网络计划的基本概念；

2. 充分理解各种搭接关系及相应的计算方法；

3. 掌握单代号搭接网络图各项时间参数的计算。

（四）网络计划优化

1. 了解网络计划优化的基本概念；

2. 了解工期优化的基本原理及方法；

3. 了解资源优化的基本原理及方法；

4. 掌握工期-成本优化的基本原理和方法。

（五）网络计划的计算机应用

1. 了解网络计划电算方法的特点及基本原理；

2．熟悉各部分的计算框图。

二、学习重点和难点

1．网络计划技术的基本原理及用其编制进度计划的优点；

2．双代号网络图的组成；

3．双代号网络图的绘制；

4．双代号网络计划时间参数的计算；

5．双代号时标网络计划的绘制方法；

6．双代号时标网络计划的应用；

7．单代号网络图的绘制及时间参数的计算；

8．单代号搭接网络计划的概念；

9．单代号搭接网络图的绘制及时间参数的计算；

10．网络计划优化的基本原理；

11．工期-资源优化及工期-成本优化的方法和步骤等。

三、教学中应注意的问题

1．领会工程网络计划技术有关概念；

2．学会画网络图；

3．学会计算网络计划时间参数；

4．学会利用网络计划技术编制施工进度计划；

5．要进行课堂练习。

四、复习思考题

1．什么是网络计划技术？

2．网络计划技术编制进度计划的优点是什么？

3．什么是双代号网络图？对绘制网络图有什么要求？

4．组成网络图的三要素是什么？

5．双代号网络图中工作的分类有哪些？虚工作有什么作用？

6．网络图时间计算的目的是什么？包括哪些计算内容？

7．什么是时差？利用时差有什么实际意义？总时差和自由时差有何区别？

8．试述时差和关键工作、关键线路的关系。如何确定关键工作和关键线路？

9．双代号时标网络计划的表达特点有哪些？

10．如何确定双代号时标网络计划的关键线路和时间参数？

11．单代号网络计划的特点是什么？它与双代号网络计划相比有哪些不同？

12．单代号搭接网络的特点是什么？

13．网络计划优化有什么意义？工期-成本优化的基本原理是什么？

第四章　施工组织总设计

一、学习内容及要求

（一）编制的内容与依据

1．了解施工组织总设计的概念及其作用；

2．了解施工组织总设计的编制依据；

3．掌握施工组织总设计的主要内容。

（二）施工部署

1．了解工程开展程序；

2．掌握如何制定主要工程项目的施工方案及施工任务的划分和组织安排；

3．熟悉施工准备工作总计划的编制。

（三）施工总进度计划

1．了解施工总进度计划的作用；

2．掌握施工总进度计划的编制方法。

（四）资源需要量计划

了解如何编制综合劳动力和主要工种劳动力计划、材料（构件）及半成品需要量计划和施工机具需要量计划。

（五）全场性暂设工程

了解工地加工厂、工地仓库、办公及福利设施、工地运输，工地供水、供电的组织。

（六）施工总平面图

1．熟悉施工总平面图设计的内容；

2．了解施工总平面图设计的原则、设计的依据；

3．掌握施工总平面图的设计步骤；

4．了解施工总平面图设计的优化方法。

二、学习重点和难点

1．施工组织总设计的主要内容；

2．建设项目施工部署的主要内容；

3．施工总进度计划的编制方法；

4．建筑工地应建造的各项大型暂设工程；

5．施工总平面图的设计内容及设计步骤。

三、教学中应注意的问题

1．结合案例进行讲授；

2．结合书中内容对照本人的施工组织设计工作找差距。

四、复习思考题

1．施工组织总设计的主要内容包括哪些？

2．施工部署的主要内容是什么？

3．怎样确定工程项目的开展顺序？

4．施工总进度计划的作用是什么？

5．简述施工总进度计划的编制方法。

6．建筑工地应建造哪些大型暂设工程？

7．如何确定钢筋混凝土构件预制厂和混凝土搅拌站的面积？

8．建筑工地运输组织一般包括哪些内容？

9．施工总平面图包括哪些内容？

10．简述施工总平面图的设计步骤。

第五章 单位工程施工组织设计

一、学习内容及要求

（一）概述

1．了解单位工程施工组织设计的任务、编制依据；

2．掌握单位工程施工组织设计的主要内容；

3．熟悉工程概况及其特点分析的主要内容。

（二）施工方案的设计

1．掌握施工方案的主要内容；

2．学会如何确定施工程序、施工起点流向和施工顺序；

3．掌握施工方法和施工机械的选择。

（三）单位工程施工进度计划的编制

1．了解单位工程施工进度计划的作用、编制依据及表达方式；

2．掌握单位工程施工进度计划的主要内容及编制步骤；

3．了解各项资源需要量计划的编制。

（四）单位工程施工平面图的设计

1．了解单位工程施工平面图设计的依据；

2．了解单位工程施工平面图设计的作用、设计比例；

3．掌握单位工程施工平面图设计原则及设计步骤；

4．掌握单位工程施工平面图的评价指标。

二、学习重点和难点

1．单位工程施工组织设计的主要内容；

2．编制单位工程施工组织设计的依据；

3．施工方案设计的主要内容；

4．施工起点流向及施工顺序的确定；

5．单位工程施工进度计划的编制内容及编制步骤；

6．单位工程施工平面图的设计内容及设计步骤。

三、教学中应注意的问题

1．结合案例进行教学；

2．结合书中内容对照本人的施工组织设计工作找差距；

3．课后结合所学知识进行编写施工方案及绘制施工平面图练习。

四、复习思考题

1．单位工程施工组织设计编制的依据是什么？

2．单位工程施工组织设计包括哪些内容？

3．施工方案包括哪些内容？如何对施工方案进行评价？

4．什么是施工起点流向？确定施工起点流向应考虑哪些因素？

5．什么是施工顺序？如何确定施工顺序？试举例说明。

6．单位工程开工应具备哪些条件？

7．单位工程施工进度计划有什么作用？编制施工进度计划的依据是什么？

8．简述单位工程施工进度计划编制的步骤。

9．什么是单位工程施工平面图？施工平面图的设计依据有哪些？

10．单位工程施工平面图的设计内容有哪些？试述其设计步骤。

第六章 施工项目进度控制

一、学习内容及要求

（一）施工项目进度控制的原理

1．了解施工项目进度控制的基本概念、任务和影响因素；

2．掌握施工项目进度控制的原理。

（二）施工项目进度计划的实施与检查

1．了解施工项目进度计划的实施过程；

2．熟悉施工项目进度计划的审核内容；

3．掌握施工项目进度计划检查的内容。

（三）施工项目进度比较与计划调整

1．掌握施工项目进度计划的分析与控制方法；

2．掌握对施工项目进度计划进行调整；

3．熟悉施工进度控制总结应包括的内容。

二、学习重点与难点

1．施工项目进度控制的基本概念、任务和影响进度的因素；

2．施工项目进度控制的方法和措施；

3．施工项目进度控制原理；

4．横道图比较法、S形曲线比较法和"香蕉"形曲线比较法；

5．施工项目进度计划的调整。

三、教学中应注意的问题

1．学会施工项目进度控制的原理、方法、措施；

2．结合案例进行学习。

四、复习思考题

1．什么是施工项目进度控制？

2．施工项目进度控制的任务和影响因素是什么？

3．什么是横道图比较法？

4．试述三种横道图的比较步骤。

5．什么是S形曲线比较法？如何在S形曲线上进行实际进度与计划进度的比较？

6．如何对施工项目进度计划进行检查？

7．"香蕉"形曲线比较法作图步骤是什么？

8．怎样分析进度偏差对工期的影响？

9．怎样进行施工项目进度计划的调整？

施工项目质量与安全管理

（56 学时）

上篇　施工项目质量管理

（32 学时）

第一章　概　　述

一、学习内容及要求

（一）学习内容

1. 工程质量管理的重要性；

2. 工程质量的概念；工程建设各阶段对工程质量形成的影响；

3. 质量管理发展的三个阶段；

4. 工程质量管理法规简介。

（二）学习要求

1. 熟悉质量管理的重要意义，树立质量立国，质量兴业的观念；

2. 了解质量、产品质量、工程质量和工作质量的概念；

3. 熟悉质量管理发展三个阶段的特点及区别；

4. 熟悉工程建设可行性研究、决策、设计、施工、竣工验收等阶段对工程质量形成的影响；

5. 熟悉《建筑法》、《建设工程质量管理条例》，明确质量管理的责任和义务。

二、学习重点和难点

1. 结合工程示例，从理论上论证质量管理的重要性；

2. 正确理解 GB/T 19000 对质量术语的定义；全面理解工程质量的含义；阐明工作质量与工程质量的关系；

3. 全面了解质量管理发展各个阶段的管理特点、管理对象、管理思想、管理方法和管理目标；

4. 在工程实践中认真贯彻、执行质量管理法规。

三、教学中应注意的问题

1. 从质量就是效益、是信誉、是企业的生命、是工程建设成败的关键等方面来阐述工程质量管理的重要性；

2. 强调工程质量是在整个建设过程中形成的，是多层次、多方面的要求，要以整体

优化为目的;

3．比较质量管理发展的三个阶段，重点强调全面质量管理，指明质量管理不仅要符合规范要求，更要满足顾客的期望。

四、复习思考题

1．如何理解"质量立国"、"质量兴业"的重要意义？

2．试述质量的定义，工程质量的内涵包括哪些方面？

3．质量管理的发展分哪几个阶段，全面质量管理具有哪些特点？

4．在施工项目管理中，如何实现质量管理法制化、规范化？

第二章　质量管理体系的建立与运行

一、学习内容及要求

（一）学习内容

1．ISO9000 族标准的演变；我国 2000 版《质量管理体系标准》的组成及特点；质量术语；

2．8 项质量管理原则；12 条质量管理体系的基本原理；

3．建筑业企业建立质量管理体系的目的及重要意义，建筑业企业质量管理体系的环境、特性及建立的基本原则；

4．建立质量管理体系的基本工作；质量管理体系的建立和运行；

5．施工项目质量管理体系的过程、结构、文件和审核，质量成本管理，施工过程控制，质量检验与验证；

6．质量手册，质量认证。

（二）学习要求

1．了解 ISO9000 的演变，2000 版《质量管理体系标准》的组成、主要特点及常用术语；

2．熟悉 8 项质量管理原则和质量管理体系的基本原理；

3．了解建筑业企业建立质量管理体系的意义、目的和基本原则；建筑业企业质量管理体系的环境、要素、特性、建立和运行的过程；熟悉施工项目质量管理体系的过程、结构、管理、控制和检验；

4．了解质量手册的性质、作用及编制要点；

5．了解产品质量认证和质量管理体系认证的意义。

二、学习重点和难点

1．2000 版《质量管理体系标准》的组成及特点；8 项质量管理原则；12 条质量管理体系的基本原理；

2．建筑业企业建立质量管理体系的目的、意义及基本原则，建立和运行的过程；

3．施工项目质量管理体系的要素及运行过程的控制；

4．质量手册的编制；

5．质量认证的种类及要求。

三、教学中应注意的问题

1．阐明形成 ISO 9000（GB/T 19000）族标准的理论基础及建立质量管理体系的重要意义；

2．重点论述 8 项质量管理原则及其相互关系；

3．结合案例教学讲述建筑业企业和施工项目质量管理体系的建立和运行；

4．强调产品质量认证和企业质量管理体系认证的区别。

四、复习思考题

1．2000 版《质量管理体系标准》是由哪几个标准所组成，具有哪些特点？

2．什么是质量管理体系？试述建立质量管理体系的重要意义。

3．试述 8 项管理原则和 12 条质量管理体系基本原理的重要内容。

4．质量管理体系存在于哪两种环境之中？两种环境有何区别？

5．试述建筑业企业建立质量管理体系的目的、原则和特性。

6．建立质量管理体系有哪些基本工作？如何正常运行？

7．什么是质量管理体系的要素？施工项目质量管理体系由哪些要素构成？

8．试述质量手册的作用和性质，如何编制？

9．产品质量认证和质量管理体系认证有何区别？质量认证有何意义？

第三章　施工项目质量控制

一、学习内容及要求

（一）学习内容

1．施工项目质量控制概述

（1）施工项目质量控制的特点；

（2）施工项目质量控制的对策；

（3）施工项目质量控制的过程；

（4）施工项目质量控制阶段；

（5）施工项目质量控制的方法。

2．材料构配件的质量控制

（1）材料质量控制的要点；

（2）材料质量控制的内容。

3．方法的控制

4．机械设备的控制

（1）施工机械设备选用的质量控制；

（2）生产设备质量控制；

5．环境因素的控制

6．施工工序的质量控制

（1）工序质量控制的概念；

（2）工序质量控制的内容；

（3）质量控制点的设置；

（4）质量控制点明细表；

（5）工序质量的检验；

（6）施工项目质量的预控。

7．成品保护

（1）施工顺序与成品保护；

（2）成品保护措施。

（二）学习要求

1．了解施工项目质量控制的特点、原则、过程，深入理解质量变异的原因，质量检验中的第一判断错误和第二判断错误，质量控制"以人为本"的重要意义；重点掌握影响质量因素的控制，施工项目质量控制的阶段及内容，质量控制的方法；

2．了解材料质量的标准、性能、检验和试验方法，掌握材料控制的要点、材料的选择和使用要求；

3．了解对施工方案和机械设备选用的要求，结合案例分析，说明怎样在施工方案和机械设备选用中满足这些要求；

4．了解工序质量控制的概念、内容和检验工作，掌握质量控制点设置的原则和质量预控的方法；

5．了解成品保护的重要意义，正确处理施工顺序与成品保护的关系，掌握保护成品的措施。

二、学习重点和难点

1．"以人为本、以预防为主"，控制质量变异，避免质量检验中发生第一、第二判断错误；

2．全面控制施工过程，重点控制投入品质量、工序质量和影响质量的五大因素；

3．事前、事中、事后质量控制的主要内容；

4．现场质量检查的内容和方法；

5．成品保护的措施。

三、教学中应注意的问题

1．质量控制应贯穿"以人为本，以预防为主"，全面控制施工过程，重点控制工序质量的思路；

2．鉴于质量问题，涉及面广，影响因素多，教学中应结合案例、示例、实例予以剖析，以达到举一反三、学以致用的目的。

四、复习思考题

1．什么叫质量控制？施工项目质量控制具有哪些特点？应采取哪些对策？

2．试述施工项目质量控制的过程。

3．试举例说明4M1E对施工项目质量的影响，质量控制为什么要"以人为本"？如何对人进行控制？

4．试述施工项目质量控制阶段的主要控制内容，如何做好施工准备？

5．事中质量控制的重点是什么？应采取哪些措施？

6．试述竣工验收的标准，如何进行竣工验收？

7．试述现场质量检查的内容和方法。

8．材料质量控制包括哪些内容？应掌握哪些要点？

9. 试举例说明材料质量标准和性能对工程质量的影响，如何合理地选择和使用材料？

10. 试述材料检验的目的和方法。

11. 试述施工方案对工程质量的影响，如何制定施工方案？

12. 选用施工机械设备时应考虑哪些因素？对生产机械设备的控制有何要求？

13. 试述工序质量的概念和内容，如何进行工序质量的检验？

14. 如何设置质量控制点和对工程质量进行预控？

15. 试述施工顺序与成品保护的关系，对成品保护有哪些措施？

第四章　施工项目质量问题分析与处理

一、学习内容及要求

（一）学习内容

1. 施工项目质量问题分析处理程序

（1）施工项目质量问题的特点；

（2）工程质量事故的分类；

（3）施工项目质量问题分析；

（4）施工项目质量问题分析处理的目的及程序。

2. 施工项目质量通病防治

（1）最常见的质量通病；

（2）质量通病的原因分析及防治措施。

3. 施工项目质量问题分析示例

（1）墙体裂缝分析；

（2）悬挑结构坍塌分析；

（3）钢筋混凝土柱吊装断裂事故分析。

4. 施工项目质量问题的处理

（1）质量问题处理的应急措施；

（2）质量问题处理的基本要求；

（3）质量问题处理的资料；

（4）质量问题处理决策的辅助方法；

（5）质量问题的处理方案。

（二）学习要求

1. 深入理解施工项目质量问题的复杂性、可变性、多发性和严重性，重点剖析发生质量问题的原因；

2. 了解施工项目质量问题处理的目的和处理结论、处理报告、处理鉴定的主要内容，掌握施工项目质量问题处理的程序和勿需处理的论证；

3. 了解质量通病表现的形式，结合实例、案例分析质量通病的原因、防治措施和处理方法；

4. 在进行墙体裂缝、悬挑结构坍塌、钢筋混凝土柱吊装断裂事故分析的基础上，总结其经验教训和预防措施；

5．了解质量问题处理时的应急措施和基本要求，掌握质量问题处理方案拟定的依据和基本原则。

二、学习重点和难点

1．施工项目质量问题的分析和处理程序；

2．质量通病原因的剖析及防治措施；

3．质量问题勿需处理的论证；

4．质量问题处理的基本要求及处理方案；

5．结合质量问题的实例、案例予以分析处理。

三、教学中应注意的问题

1．本章应充分利用实例、案例教学；

2．教学思路应为：分析原因、总结经验、采取对策、防患于未然、避免事故重演；

3．综合运用有关学科的基础理论和基本知识，解决施工项目中的质量问题。

四、复习思考题

1．施工项目质量问题具有哪些特点？试述引发质量问题的主要原因。

2．试举例说明施工项目质量问题的复杂性、可变性、严重性和多发性。

3．试举例说明违背建设程序和勘察、设计不周对质量的影响。

4．试举例说明哪些质量问题是由于施工管理不善所造成。

5．试述施工项目质量问题处理的目的和处理程序。

6．为什么质量问题的原因分析要建立在事故情况调查的基础上？质量问题的处理要建立在事故原因分析的基础上？

7．如何对质量问题进行处理鉴定？哪些质量问题可不需处理？

8．事故调查报告、事故处理结论、事故处理报告应包括哪些内容？

9．什么叫"质量通病"？主要有哪些表现？

10．试述产生"质量通病"的主要原因，应采取哪些预防措施？

11．试分析屋面渗水漏水、地面起砂起壳、抹灰层空鼓裂缝的原因及预防措施。

12．如何避免卫生间积水漏水和管道堵塞？

13．试述混凝土结构构件裂缝的主要原因。

14．引起地基不均匀沉降的原因有哪些？试述这些原因造成墙体裂缝的特征，应采取什么预防措施？

15．墙体为什么会产生温度裂缝？试举例说明温度裂缝的特征，应如何预防。

16．如何防止悬挑结构产生坍塌现象？

17．钢筋混凝土构件在吊装中应注意哪些问题？如何合理地选择吊点？

18．拟定质量事故应急措施时，应考虑哪些问题？

19．对质量问题处理有哪些基本要求？如何拟定质量问题处理方案？试举例说明。

第五章　质量管理基本工具及方法

一、学习内容及要求

（一）学习内容

1．质量统计数据；

2．质量变异分析；

3．直方图法；

4．排列图法；

5．因果分析图法；

6．管理图法；

7．相关图法；

8．调查分析法和分层法等。

（二）学习要求

1．理解数理统计的几个概念，熟悉数据收集方法，掌握样本数据的特征；

2．深入理解质量变异的原因和质量变异的分布规律是质量控制的理论依据；

3．了解直方图的用途，掌握直方图的做法、计算和分析，要求懂得如何利用直方图来制定公差（质量标准）和控制质量。

4．了解排列图的用途，掌握排列图的做法和在工程实践中的应用；

5．掌握因果分析图的做法，懂得如何运用因果分析图来剖析质量问题，制定对策和控制质量；

6．了解管理图的分类，掌握利用管理图进行质量控制的基本原理，了解判断正常或异常质量波动的规律。

7．了解关联图的形式和在质量管理中的应用，掌握如何利用调查分析法和分层法来对质量数据进行收集、统计和分析。

二、学习重点和难点

1．样本数据的特征；

2．质量变异的原因分析和分布规律；

3．直方图的作法、计算和分析；

4．排列图、因果分析图的做法和运用；

5．管理图的理论依据和观察分析；

6．调查分析法和分层法在工程实践中的运用。

三、教学中应注意的问题

1．数理统计中的几个概念和样本数据的特征要讲解清楚；

2．重点分析质量变异的原因和变异规律是质量控制的理论依据；

3．着重讲授利用直方图制定公差（质量标准）的原理及如何利用直方图进行质量控制；

4．阐明管理图控制线的概念及确定依据，能准确分析判断质量波动的情况；

5．通过案例分析或习题作业，使学员掌握排列图、因果分析图、直方图和管理图的应用。

四、复习思考题

1．解释母体、子样、随机现象、随机事件频率、概率。

2．样本数据有哪些特征？其特征值表示什么意思？如何对数据进行收集、计算？

3．什么叫质量变异？为什么要研究质量变异？试举例说明偶然因素、系统因素引起的质量变异。

  4．正态分布曲线具有哪些性质？如何利用这些性质来进行质量控制？

  5．如何利用直方图来制定公差（质量标准）和控制质量？

  6．如何利用排列图来分析影响质量的主次因素？试举例说明之。

  7．因果分析图有何优点？如何绘制因果分析图？

  8．管理图分几大类？图上的控制线如何确定？

  9．试对管理图进行分析判断，并指出哪种情况属正常，哪种情况属异常。

  10．如何利用调查分析法来进行数据的收集、统计？

  11．试述利用分层法研究质量问题的基本原理。

  12．相关图有几种形式？主要用来研究什么问题？

  13．试分析 $T<6\sigma$，$T=6\sigma$、$T>6\sigma$ 时质量波动的情况。

第六章　工程施工质量验收

一、学习内容及要求

（一）学习内容

  本章内容涉及工程质量的验收，施工项目的竣工验收和施工项目的交接与回访保修等三部分。在工程质量的验收中阐明了建筑工程质量验收的基本规定、质量验收的划分、质量验收、质量验收程序和组织；在施工项目的竣工验收中阐述了竣工验收的准备工作，竣工验收的依据、标准、范围、程序以及工程资料的验收。在施工项目的交接与回访保修中，着重论述了竣工、竣工验收、交接和回访保修间的相互关系。

（二）学习要求

  1．掌握建筑工程质量验收的基本规定、建筑工程质量验收的划分、建筑工程质量验收、建筑工程质量验收程序和组织；

  2．能正确评定分部工程、单位工程合格与优良等级；

  3．了解施工项目竣工验收和交接的程序，掌握竣工验收的标准。

二、学习重点和难点

  1．建筑工程质量验收统一标准；

  2．竣工验收标准和程序；

  3．工程交接手续。

三、教学中应注意的问题

  1．强调分项工程是质量评定的基础，是分部工程、单位工程质量评定的依据，必须及时予以评定；注意建筑工程验收的合格标准；

  2．阐明竣工验收与工程交接的程序及回访保修的意义。

四、复习思考题

  1．试述工程质量验收的基本要求。

  2．建筑工程质量验收的划分原则是什么？

  3．建筑工程质量验收时对检验批、分项工程、分部工程、单位工程有哪些规定？

  4．建筑工程质量验收程序是什么？

5. 怎样进行建筑工程质量验收组织?

6. 施工项目竣工验收有哪些准备工作? 试述竣工验收的依据、标准、范围和条件。

7. 试述竣工验收的程序及其主要工作内容。

8. 工程资料有哪些内容? 如何审核验收?

9. 试述工程项目交接程序和手续。

10. 如何做好工程质量的回访和保修工作?

下篇　施工项目安全管理

（24 学时）

第七章　安全生产管理概念

一、学习内容及要求

（一）学习内容

1. 安全生产管理概述；

2. 安全生产方针；

3. 安全生产管理常用术语。

（二）学习要求

1. 熟悉生产管理的概念；

2. 掌握安全生产方针；

3. 了解安全生产管理常用术语。

二、学习重点和难点

1. 充分认识安全生产管理的地位和作用；

2. 坚持"安全第一，预防为主"的方针，强调其在职业健康安全管理体系的主线作用；

3. 安全生产管理常用概念；

4. 我国安全生产管理有关法律、法规和行业强制性标准。

三、教学中应注意的问题

1. 全面了解安全生产管理的现状和重要性；

2. 结合施工项目特点正确理解和介绍常用概念；

3. 充分论证安全与危险、安全与速度、安全与质量、安全与成本等关系；

4. 从心理学、行为学的观念来论证人的不安全行为，控制物的不安全状态。

四、复习思考题

1. 什么叫安全生产管理？

2. 为什么说安全生产管理是项目管理永恒的主题？

3. 安全生产方针为什么要强调预防为主？

4. 安全生产管理应坚持哪些基本原则？

5. 如何正确处理安全与进度、安全与质量、安全与生产、安全与成本的关系？

6. 我国的安全生产管理体制是什么？为什么要强调企业负责？

7. 为什么说项目经理是项目安全生产管理的第一责任人？

8. "管生产必须管安全的原则"意味着什么？

9. 什么叫"五同时"？

10．人的不安全行为表现在哪些方面？人为什么会出现失误？

11．如何控制人的不安全行为？避免或减少人的失误？

12．物的不安全状态有哪些现象？应采用哪些预防措施？

13．作业环境对安全有哪些影响？

14．建筑施工安全生产管理国家法律、行政法规有哪些？

15．什么是行业强制性标准？建筑行业有哪些强制性标准？

16．试述通过哪些途径或措施，提升项目安全控制理念？

第八章　施工项目安全管理

一、学习内容及要求

（一）学习内容

1．安全管理体系；

2．施工安全管理责任制；

3．施工安全技术措施；

4．安全技术措施交底；

5．安全教育与培训；

6．安全检查；

7．伤亡事故处理。

（二）学习要求

1．了解安全管理体系及 GB/T 28001—2001；

2．熟悉施工安全管理责任制；

3．掌握施工安全技术措施及其交底；

4．了解三级安全教育与培训；

5．掌握、安全检查内容与要求；

6．熟悉伤亡事故处理程序。

二、学习重点及难点

1．GB/T 28001—2001《职业健康安全管理体系　规范》；

2．建立职业健康安全管理体系的要求；

3．施工项目管理人员安全生产责任制；

4．编制施工安全技术措施的基本要求；

5．安全技术措施交底的内容；

6．三级安全教育与培训；

7．安全检查的内容及要求；

8．伤亡事故的处理程序。

三、教学中应注意的问题

1．吃透标准、针对特点、根据要求、准确介绍，使学员加深对 GB/T 28001—2001 的认识和理解，确保组织建立、实施职业健康安全管理体系的充分性、适宜性和有效性。

2．应建立文件化的职业健康安全管理体系，并实施、保持和持续改进。

四、复习思考题

1．施工项目安全管理的任务是什么？

2．建立职业健康安全管理体系的目的与意义？

3．职业健康安全管理体系文件包括哪些层次和内容？

4．建立职业健康安全管理体系，是否是对组织原有安全生产管理手段、制度、机构等彻底否定？为什么？

5．质量、环保和职业健康安全管理体系是否可融为一体？为什么？

6．GB/T 28001—2001第四章是标准的主要内容，其中一、二级条款各有多少个？由哪些要素组成？

7．GB/T 28001—2001《职业健康安全管理体系 规范》由哪些一级条款组成？并画出模式图。

8．如何按照"PDCA"方法建立、实施和持续改进职业健康安全管理体系？

9．危险源辨识、风险评价和风险控制范围和方法有哪些？

10．认证机构"初次审核、监督审核和复评审核"审核的时机有什么不同？

11．如何在项目管理中落实安全生产责任制？

12．制定和实施施工安全技术措施的要求？

13．如何策划和实施施工技术交底？

14．安全检查有哪些主要内容？安全检查前应做哪些准备？

15．安全检查的主要形式和方法有哪些？

16．何谓因公伤亡事故？伤亡事故的等级有哪些？

17．建筑施工企业常见的伤亡事故有哪几类？

18．预防伤亡事故的组织和安全措施有哪些？

19．施工现场发生伤亡事故时，应采取哪些应急措施？

20．试述施工现场伤亡事故处理的程序。

第九章　施工过程安全控制

一、学习内容及要求

（一）学习内容

1．施工现场平面布置；

2．基础工程施工安全；

3．脚手架搭设安全技术；

4．模板安装拆除安全技术；

5．钢筋制作安装安全技术；

6．混凝土现浇作业安全技术；

7．装修装饰工程安全技术；

8．井字架、龙门架作业安全要求；

9．临边、洞口作业安全防护；

10．高处作业安全防护；

11. 现场料具存放技术要求；

12. 安全网架设与拆除。

（二）学习要求

这是涉及安全作业过程控制的内容，要求项目经理熟悉这些技术，并以脚手架搭设、高处作业、基坑开挖、模板支护、安全网架设与拆除为重点。

二、学习重点和难点

1. 过程安全控制的关键工序、特殊过程的危险辨识和监控技术；

2. 脚手架搭设、高处作业、基坑开挖及模板支护。

三、教学中应注意的问题

1. 结合案例，讲解施工过程安全控制。

2. 从"人、机、料、法、环"等方面着手，重点分析"高处坠落"、"物体打击"、"坍塌"等多发事故的原因，提出优化安全技术的措施。

四、复习思考题

1. 什么叫过程安全控制？

2. 过程安全控制在职业健康安全管理体系的地位和作用？

3. 施工现场平面布置的原则、范围和要求；

4. 可能发生"高处坠落"、"物体打击"和"坍塌"事故的原因有哪些？

5. 基坑开挖和高处作业应重点控制哪些关键工序和特殊过程？

6. 脚手架的搭设种类及其安全技术有哪些？

7. 模板安装拆除有哪些主要安全规定？

8. 如何做好"三宝"及"四口"的安全防护？

第十章　施工机械与临时用电安全管理

一、学习内容及要求

（一）学习内容

1. 机械设备安全管理制度；

2. 机械设备安全防护要求；

3. 临时用电安全要求；

4. 临时用电设施检查验收。

（二）学习要求

1. 熟悉机械设备安全管理制度；

2. 熟悉机械设备安全防护要求；

3. 熟悉临时用电安全要求；

4. 掌握临时用电设施检查验收。

二、学习重点和难点

1. 机械设备安全管理制度及安全防护技术；

2. 临时用电安全要求及设施检查验收。

三、教学中应注意的问题

1. 施工机械作业和临时用电事故属建筑行业多发事故，是项目经理培训的重点内容；

2. 从"人、机、料、法、环"等五个方面着手，分析发生"机械起重伤害和触电"等多发事故的原因，提出优化安全技术措施的对策。

四、复习思考题

1. 施工机械管理有哪些制度？如何优化和完善？

2. 施工机械安全防护主要措施有哪些？

3. 临时用电主要要求有哪些？

4. 有哪些临时用电设施必须进行检查验收，才能投入使用？检查验收的标准是什么？

5. 从哪些方面着手，来分析可能发生"机械起重伤害和触电"等多发事故的原因？

6. 针对存在安全隐患的原因，如何优化施工机械设备和临时用电安全防护措施？

第十一章　爆破与拆除工程安全技术

一、学习内容及要求

（一）学习内容

1. 爆破与拆除施工准备；

2. 爆破与拆除施工组织设计；

3. 爆破与拆除作业安全控制。

（二）学习要求

1. 了解爆破与拆除施工准备；

2. 熟悉爆破与拆除施工组织设计；

3. 掌握爆破与拆除作业安全控制。

二、学习重点和难点

1. 爆破与拆除方案制定与论证；

2. 爆破与拆除过程安全控制。

三、教学中应注意的问题

1. 爆破作业事故属建筑行业多发事故，从"人、机、料、法、坏"等方面着手分析发生事故的原因，并提出相应的对策；

2. 爆破与拆除作业中的环境保护。

四、复习思考题

1. 爆破与拆除作业有哪些施工准备？

2. 编制爆破与拆除施工组织设计应遵循哪些原则？主要内容是什么？

3. 爆破与拆除作业有哪些关键工序、特殊过程？

4. 爆破与拆除作业可能对环境造成哪些影响？避免或减少的主要措施有哪些？

5. 采用控制爆破拆除工程作业有哪些规定？

6. 拆除建筑物为什么一般不宜采用推倒法施工？特殊情况需要采用时，应遵循哪些规定？

第十二章 施工防火安全要求

一、学习内容及要求
（一）学习内容
1. 特殊工种防火；
2. 地下工程施工防火；
3. 古建筑工程施工防火；
4. 高层建筑施工防火；
5. 季节性防火；
6. 防火检查；
7. 施工现场灭火。

（二）学习要求
1. 熟悉特殊工种防火；
2. 了解地下工程施工防火；
3. 了解古建筑工程施工防火；
4. 熟悉高层建筑施工防火；
5. 了解季节性防火；
6. 熟悉防火检查；
7. 掌握现场防火。

二、学习重点和难点
1. 防火预防措施的制定；
2. 实施防火措施的要求。

三、教学中应注意的问题
1. 不同工程防火的特点及要求；
2. 防火检查的内容及火险隐患整改要求。

四、复习思考题
1. 特殊工种防火的种类及要求有哪些？
2. 地下工程施工的特点是什么？
3. 古建筑施工防火特点及措施是什么？
4. 高层建筑施工防火特点及措施是什么？
5. "春、夏、秋、冬"季节防火各有哪些特点及要求？
6. 防火检查的方法、步骤及要求是什么？
7. 施工现场灭火的方法有几类？有什么不同？
8. 布置消防设施有哪些规定？

第十三章 文明施工与环境保护

一、学习内容及要求

（一）学习内容

1．文明施工；

2．环境保护。

（二）学习要求

1．熟悉文明施工施工组织和技术措施；

2．掌握环境保护制度和措施；

3．熟悉 GB/T 24000—ISO14000《环境管理系列标准》。

二、学习重点和难点

1．环境保护的制度和措施；

2．文明施工组织和技术措施。

三、教学中应注意的问题

1．突出环境保护的重要意义和贯彻 GB/T 24000—ISO14000《环境管理系列标准》的必要性，针对施工造成对环境污染、生态的破坏，提出保护环境的措施；

2．阐述文明施工与"企业文化"、"品牌"、"实力"的关系，不断提升文明施工与环境保护意识。

四、复习思考题

1．试述文明施工和环境保护的重要意义。

2．开展文明施工的主要内容有哪些？

3．文明施工应采取哪些措施？

4．GB/T 24000—ISO 14000《环境管理系列标准》由哪些一级条款组成？并画出模试图。

5．如何防止因施工造成的生态破坏？

6．如何防止因施工造成的大气污染和噪声公害？

7．本单位开展文明施工的差距在哪里？还应该采取什么措施？

8．本单位对保护环境采取了哪些措施？

施工项目成本管理

（32 学时）

第一章　施工项目成本管理概论

一、学习内容及要求

（一）学习内容

1. 成本的经济性质和成本的作用；

2. 施工项目成本定义、主要形式及其构成；

3. 施工项目成本管理定义、意义及其与企业成本管理的关系和区别；

4. 施工项目成本管理的基本原则和基础工作；施工项目成本目标责任制；

5. 施工项目成本管理的内容。

（二）学习要求

1. 了解成本的一般经济性质和成本的作用；

2. 掌握施工项目成本、施工项目成本管理及其与企业成本管理的关系和区别；

3. 掌握施工项目成本管理的基本原则和各项基础工作；

4. 熟悉掌握施工项目成本目标责任制的确立方法和责任分解；

5. 熟悉掌握施工项目成本管理内容和 一般程序；

6. 了解施工项目成本管理工程师的责任和作用及其应具备素质。

二、学习重点和难点

1. 施工项目成本和施工项目成本管理的基本概念及其与企业成本管理的关系和区别；

2. 施工项目成本管理的重要意义及其在施工项目管理中的地位；

3. 施工项目成本管理系统的组成。

三、教学中应注意的问题

1. 概论是全书的一个总纲，要求教学人员对本章学习要求和学习重点，在教学中结合生产实际进行讲解，应使学员充分重视施工项目成本管理并能正确理解施工项目成本管理与建筑施工企业成本管理的关系和区别；

2. 提高学员项目成本管理意识。结合在建筑市场环境和项目的竞争能力，阐述施工项目成本管理的重要意义。

四、复习思考题

1. 什么是成本？成本有哪些作用？

2. 什么是制造成本法？它和完全成本法有哪些区别？

3. 什么是施工项目成本？施工项目成本有哪几种形式？

4. 预算成本、计划成本和实际成本之间的关系如何？

5. 施工项目成本管理的意义和作用是什么？

6. 施工项目成本管理与建筑施工企业成本管理有哪些区别？

7. 施工项目成本管理的原则是什么？要做好哪些基础工作？

8. 什么是施工项目成本目标责任制？如何来确定施工项目成本目标责任制？

9. 说明施工项目成本管理系统组成内容和程序。

第二章　施工项目目标成本

一、学习内容及要求

（一）学习内容

1. 施工项目目标成本的意义、作用、编制原则和基本概念；

2. 施工项目目标成本的预测和两算对比；

3. 施工项目目标成本的组成、编制、确定和分解。

（二）学习要求

1. 了解目标成本的基本概念、计算公式和编制流程；

2. 掌握施工项目目标成本两算对比和预测的基本法；

3. 掌握施工项目目标成本的内容、编制方法和编制全过程；

4. 量本利分析法在成本预测中的应用。

二、学习重点和难点

1. 施工项目目标成本的主要内容和相关表格的填写；

2. 施工项目目标成本的编制方法和步骤。

三、教学中应注意的问题

成本预测的目的是为了编制目标成本；学习合同造价构成，为造价分析做准备；两算对比是成本预测的基础。

目标成本编制对象要有利于目标成本控制；注意编制资料的完整性；结合目标成本的主要内容介绍编制方法；通过方案的优化提高编制的质量；最后形成四类表式。

四、复习思考题

1. 目标成本的基本概念是什么？它是如何计算的？

2. 成本预测在施工项目成本管理中发挥哪些作用？

3. 施工预算和施工图预算有什么区别？

4. 用详细预测法预测施工项目成本有哪几步？每一步的主要工作内容是什么？

5. 分析施工项目成本管理中量本利分析法的基本特征。

6. 施工项目目标成本如何组成？具体内容是什么？

7. 施工项目目标成本编制的依据是什么？

8. 施工项目目标成本编制的要求是什么？

9. 施工项目目标成本编制的程序是什么？

10. 结合实际工程，具体编制一个完整的施工项目目标成本。

第三章　施工项目成本控制

一、学习内容及要求

（一）学习内容

1. 施工项目目标成本控制的作用、概念和组织；

2. 施工项目目标成本控制的种类和基本方法；

3. 施工项目目标成本控制的主要途径；

4. 价值工程在成本控制中的应用。

（二）学习要求

1. 充分认识施工项目成本控制的意义；

2. 熟悉施工项目成本控制的组织、实施和分工；

3. 掌握施工项目成本控制全过程各阶段的特点；

4. 掌握施工项目成本控制的方法和降低施工项目成本的途径；

5. 了解价值工程的基本原理及在施工项目成本控制中的应用。

二、学习重点和难点

1. 施工项目成本控制的方法和降低施工项目成本的途径；

2. 施工项目成本控制全过程。

三、教学中应注意的问题

按照理论联系实际的原则掌握成本控制的方法和降低施工项目成本的途径，以增强项目经理目标成本控制的意识，提高目标成本全过程控制的能力。

四、复习思考题

1. 施工项目为什么要围绕目标成本进行成本控制？

2. 为什么要建立以施工项目经理为核心的施工项目成本控制体系？

3. 如何建立施工项目成本管理责任制？

4. 施工项目成本的事先控制、事中控制、事后控制的主要内容分别是什么？

5. 为什么要从预算收入和实际成本两方面控制施工项目目标成本？

6. 如何实现以施工图预算控制成本支出？

7. 如何建立施工项目月度财务支出计划制度，并据以控制成本支出？

8. 合同造价控制应包括哪几方面？

9. 为什么要对材料费实行量价分开控制？

10. 如何加强分包项目成本控制？

第四章　施工项目成本核算

一、学习内容及要求

（一）学习内容

1. 施工项目成本核算的对象、任务、原则和成本计算期；

2. 施工项目成本核算的环境和基础工作；

3．施工项目成本核算办法；

4．建造合同的基本概念和应用。

（二）学习要求

1．掌握施工项目成本核算对象的划分和成本计算期的确定；

2．了解成本核算的任务和原则；

3．熟悉施工项目成本核算的基础工作；

4．掌握施工项目成本核算办法。

二、学习重点和难点

1．施工项目成本项目的划分；

2．施工项目成本的核算办法。

三、教学中应注意的问题

通过项目成本核算的教学，应使施工项目经理对成本核算的原则、任务和要求有新认识；同时，还要提高施工项目经理对项目成本核算方法和项目成本的形成过程的了解程度，从而增强施工项目成本的透明度和可控性。

四、复习思考题

1．施工项目成本核算对象怎样划分？

2．施工项目成本核算的基本任务是什么？

3．施工项目成本核算需要遵循哪些原则？

4．施工项目为什么要按月和按期结算已完工程成本？

5．施工项目成本核算应建立哪些账表和台账？

6．施工项目成本项目如何划分和核算？

7．施工项目成本费用如何归集与分配？

8．施工项目分包成本如何分类和核算？

9．建造合同是如何确立成本核算对象的？合同分立和合并的基本原则是什么？

10．如何使用完工百分比法确定合同收入和合同费用？

第五章　施工项目成本分析和考核

一、学习内容及要求

（一）学习内容

1．施工项目成本分析内容和要求；

2．施工项目成本分析方法；

3．施工项目成本考核。

（二）学习要求

1．了解施工项目成本分析的原则要求和具体要求；

2．掌握施工项目成本分析的方法；

3．熟悉施工项目成本考核的内容。

二、学习重点和难点

1．成本分析的基本方法；

2．施工项目目标成本差异分析。

三、教学中应注意的问题

施工项目成本分析的教学目的在于提高项目经理的分析能力，及时揭示目标成本控制差异，及时纠正偏差，为实现施工项目成本目标创造条件；同时，通过成本考核，形成项目的激励机制。

四、复习思考题

1．施工项目成本分析的内容有哪些？

2．成本分析的基本方法有哪些？如何理解和运用这些方法？

3．综合成本分析包括哪些内容？如何进行分析？

4．专项成本分析包括哪些内容？如何进行分析？

5．什么是目标成本差异分析？如何揭示成本的目标差异？

6．对施工项目经理的成本考核包括哪些内容？

7．施工项目成本考核一般可分为几个阶段？为什么要强调中间成本考核？

第六章　施工项目成本管理的新发展

一、学习内容及要求

（一）学习内容

1．带施工图的项目总承包在成本管理上的优势；

2．信息化与施工项目成本管理。

（二）学习要求

1．了解施工项目成本管理的新发展；

2．了解带施工图的项目总承包及其优势；

3．掌握带施工图的项目总承包方式的成本控制；

4．了解计算机在施工项目成本管理中的应用。

二、学习重点和难点

1．带施工图的项目总承包方式的成本控制；

2．项目成本管理中的资源共享。

三、教学中应注意的问题

本章内容主要是根据加入 WTO 施工企业目标成本管理应对新趋势的需要而增加的，应通过新知识的介绍，引导学员有施工项目成本管理的超前意识。

四、复习思考题

1．什么是施工项目总承包？什么是带施工图的项目总承包？两者有什么区别？

2．如何通过优化设计，有效降低工程造价？

3．如何系统选择分包单位，控制分包目标成本？

4．施工项目总承包有哪些风险？如何避免报价风险和施工风险？

5．计算机在施工项目成本管理中有哪些作用？

6．什么是资源共享？可以从哪些方面实现项目成本管理中的资源共享？

施工项目技术知识

（48 学时）

第一章 地基与基础

一、学习内容及要求

（一）地基土的物理性质及分类

1. 了解土的组成及特性指标；

2. 了解岩土分类；

3. 了解特殊土类。

（二）土的压缩性及地基沉降

1. 了解土的压缩性；

2. 熟悉沉降特性；

3. 了解沉降计算原理；

4. 熟悉沉降稳定所需时间。

（三）地基承载力

1. 了解土的抗剪强度及库仑定律；

2. 了解荷载试验与容许承载力；

3. 了解深宽修正后的容许承载力；

4. 了解容许承载力公式计算法。

（四）地下水工程特性及降水措施

1. 熟悉地下水分类及特征；

2. 了解水力参数与测定；

3. 熟悉流沙和管涌；

4. 熟悉降水方法。

（五）软弱地基与特殊地基

1. 了解饱和淤泥类土的工程特性；

2. 了解软粘土地基的利用；

3. 熟悉饱和软粘土的地基处理方法；

4. 熟悉杂填土地基评价及处理；

5. 熟悉湿陷性黄土；

6. 熟悉膨胀土；

7. 了解砂土液化。

（六）基坑开挖与支护

1. 熟悉浅基础开挖；

54

2．熟悉大面积深基坑支护；

3．熟悉基坑开挖应注意的一些问题；

（七）常用地基检验技术

1．了解基槽检验技术——轻便触探法；

2．了解标准贯入试验法；

3．了解载荷试验；

4．了解沉降观察。

（八）桩基制作与施工

1．熟悉预制桩的制作与施工要点；

2．熟悉灌注桩类型及施工要点；

3．了解桩的承载力与桩体完整性检测。

二、学习重点和难点

（一）学习重点

1．土的组成及特性指标；

2．沉降特性；

3．沉降稳定所需时间；

4．地下水分类及特性；

5．流砂和管涌；

6．降水方法；

7．地基处理方法；

8．基坑开挖与支护；

9．桩基施工要点。

（二）学习难点

1．对土的整体了解；

2．地基处理；

3．桩基施工。

三、教学中应注意的问题

1．由于本章涉及面广，故要突出重点，融会贯通；

2．避免追求土力学知识的深入理解，引导学生把着眼点放在施工上。

四、复习思考题

1．土的组成及特性指标有哪些？

2．试述土的沉降性。

3．土的沉降稳定和时间的关系如何：

4．地下水的分类及特征如何？

5．流沙和管涌的产生原因是什么？

6．有哪些降水方法，其特征是什么？

7．如何进行地基处理？

8．如何进行基坑开挖与支护？

9．怎样进行沉降观察？

10．桩基的施工要点有哪些？

第二章 砖石结构

一、学习内容及要求

（一）砖石结构特征

1．熟悉砖石结构的结构特征；

2．熟悉砖石结构的构造要点；

3．了解抗震增强措施。

（二）砖石结构的材料

1．熟悉砖材的规格和物理力学性质；

2．了解石材；

3．了解砌块；

4．熟悉水泥与砂；

5．熟悉砌筑砂浆。

（三）砖石结构砌筑方法

1．熟悉砖的砌筑；

2．了解石块的砌筑；

3．了解砌块的砌筑；

4．熟悉砖石结构冬期施工要点。

（四）砖石砌体质量通病的防治

1．熟悉砖砌体质量通病的防治；

2．了解石砌体质量通病的防治；

3．了解砌块砌体质量通病的防治。

（五）砖石砌体的质量检测

1．了解各种主要砖石砌体力学性能现场检测技术；

2．熟悉砖石砌体质量等级评定方法。

二、学习重点和难点

（一）学习重点

1．砖石结构的结构特征；

2．砖材的力学性质；

3．砌筑砂浆。

4．砖石结构冬期施工要点；

5．砖石结构质量通病防治。

（二）学习难点

1．砖材的力学性质；

2．砖石冬期施工；

3．砖石结构质量通病防治。

三、教学中应注意的问题

56

虽然减少用砖量以节约土地是建筑技术的一项重要政策，但对这一传统结构形式的学习仍十分重要，故要从施工的角度使学生掌握全面的知识，这是不容易。

四、复习思考题

1. 砖石结构有哪些结构特征？
2. 砖石结构的构造要点有哪些？
3. 砖石结构有哪些物理力学性质？
4. 砌筑砂浆的制作与使用要点有哪些？
5. 砖的砌筑要点是什么？
6. 砖石结构的冬期施工要点有哪些？
7. 砖砌体质量通病有哪些？怎样防治？
8. 砖石砌体质量等级是如何评定的？

第三章 混 凝 土

一、学习内容及要求

（一）混凝土的基本概念

了解混凝土的种类及与石材的简单比较。

（二）混凝土的原材料及其对混凝土性能的影响

1. 了解水泥的成分及对混凝土的主要影响；
2. 了解集料的颗粒级配、碱反应及表面作用；
3. 了解混凝土中的水和孔隙率；
4. 了解混凝土中的细掺料；
5. 了解混凝土中外加剂的作用。

（三）混凝土配合比

1. 了解混凝土配合比计算步骤；
2. 了解混凝土配合比试配与确定；
3. 了解配合比在使用中的调整规律。

（四）混凝土制作工艺的几个问题

1. 熟悉混凝土的拌和问题；
2. 熟悉混凝土的捣实问题；
3. 熟悉混凝土的养护问题。

（五）混凝土的质量控制

1. 熟悉混凝土的质量要求；
2. 熟悉混凝土的合格判定；
3. 了解混凝土质量控制的拔出法。

（六）混凝土技术的发展

1. 了解国外高性能混凝土（HPC）的研究和发展状况；
2. 了解我国 HPC 的发展状况。

二、学习重点与难点

（一）学习重点

1．对水泥的了解及其对混凝土的影响；

2．混凝土中的水和孔隙率；

3．混凝土的配合比；

4．混凝土的制作工艺；

5．混凝土的质量控制；

6．HPC 的发展。

（二）难点

1．水泥成分对混凝土的影响；

2．水和孔隙率；

3．混凝土配合比；

4．混凝土的质量要求。

三、教学中应注意的问题

这一章既涉及材料，又涉及施工。应注意在了解材料的基础上熟悉混凝土的使用和施工。

四、复习思考题

1．水泥成分对混凝土有哪些主要影响？

2．水与孔隙率是什么关系？

3．外加剂有什么作用？

4．怎样计算混凝土的配合比？

5．混凝土拌和、捣实、养护应注意哪些问题？

6．对混凝土的质量有哪些要求？

8．HPC 的发展前景如何？

第四章　钢筋混凝土结构

一、学习内容及要求

（一）基本概念及材料

1．熟悉钢筋混凝土的基本性能及优点和缺点；

2．了解钢筋混凝土对钢筋性能的要求、加工的要求、连接的要求及钢筋的质量检验；

3．了解钢筋混凝土中的高强度混凝土、高耐久性混凝土、高体积稳定性混凝土、高工作性能混凝土；

4．了解模板的品种、模板的结构与施工、模板的组装与拆除；

5．了解钢筋混凝土结构设计与施工的基本概念。

（二）基本构件的特点

1．了解板的定义、分类、受力情况，构造与施工；

2．了解梁的定义、分类、受力情况、构造与施工；

3．了解柱的定义、分类、受力特性、构造与施工；

4．了解墙的定义、分类、受力情况、构造与施工。

5．了解桁架的定义、分类、受力特点与计算要求、构造要求与施工。

（三）结构体系

1．了解排架结构的定义、分类、结构受力分析、设计构造与施工；

2．了解刚架结构的定义、分类、受力分析、设计构造与施工；

3．了解框架结构的定义、分类、受力分析、构造与施工；

4．了解装配式墙板结构的定义、分类、受力分析、设计构造与施工；

5．了解板柱结构的定义、分类、受力分析、设计构造与施工；

6．了解剪力墙结构的定义、分类、受力分析、设计构造与施工；

7．了解框架——剪力墙结构的定义、分类、结构受力分析、设计构造与施工；

8．了解筒体结构的定义、分类、结构受力分析、设计构造与施工。

（四）质量控制要点及修补加固

1．熟悉钢筋混凝土结构工程易发生的质量问题及产生的原因；

2．了解质量检测方法；

3．了解修补与加固处理方法。

二、学习重点和难点

（一）学习重点

1．钢筋混凝土的基本性能和优缺点；

2．钢筋对混凝土作用；

3．模板的支护作用；

4．板、梁、柱、墙、框架的基本知识；

5．对各种结构体系的了解；

6．质量控制要点。

（二）学习难点

1．基本构件特点；

2．对各种结构体系的了解。

三、教学中应注意的问题

本章对项目经理十分重要，但所涉及的内容较多，学习颇有难度，故应注意学习重点，着重学习与施工有关的知识，对两个难点不要下太大功夫，了解即可。

四、复习思考题

1．钢筋混凝土有哪些基本性能和优缺点？

2．对钢筋质量检验的要求如何？

3．模板的结构、施工、组装、拆除要点是什么？

4．梁、柱、板、墙的构造与施工要点是什么？

5．各种结构体系的构造与施工要点是什么？

6．怎样控制钢筋混凝土的质量？

7．钢筋混凝土工程的质量通病有哪些？如何防治？

8．钢筋混凝土的修补与加固处理方法有哪些？

第五章 预应力混凝土结构

一、学习内容及要求

（一）预应力混凝土基本概念

1．熟悉预应力混凝土在结构中的作用；

2．了解预应力混凝土的定义及分类；

3．了解预应力筋的布置及其对结构的影响；

4．了解预应力混凝土的发展简史。

（二）预应力高强钢材与高强混凝土

1．了解预应力高强钢材的品种；

2．了解预应力高强钢材的松弛、应力腐蚀；

3．熟悉高强混凝土的强度等级、配制方法，收缩、徐变发展的规律及降低收缩、徐变数值的方法。

（三）预应力混凝土工艺

1．熟悉预应力混凝土的主要生产方法；

2．了解无粘结预应力筋的应用；

3．熟悉预应力混凝土生产工艺的控制要点。

（四）预应力损失值

1．熟悉引起预应力损失的各种原因；

2．减少预应力损失值的措施。

（五）预应力混凝土对房屋建筑的影响

1．了解预应力混凝土对梁、板等受弯构件的影响；

2．了解预应力混凝土对建筑物与结构平面布置的影响；

3．了解预应力混凝土对建筑功能的影响；

4．了解预应力混凝土对建筑物造型的影响；

5．熟悉用预应力技术解决工程中的一些特殊问题，包括：结构加固、旧房扩建、基础托换、基础加固、提升法施工、护坡和直立开挖、用岩石锚杆增加结构的稳定性与抗倾覆力等。

（六）预应力混凝土专业化生产的发展趋势

1．熟悉先张、后张预应力混凝土的合理应用范围；

2．了解先张法构件预制厂的经营与管理；

3．了解后张预应力混凝土专业公司的设置与经营。

二、学习重点和难点

（一）学习重点

1．预应力混凝土在结构中的作用；

2．对高强混凝土的了解；

3．预应力混凝土的主要生产方法、生产工艺和控制要点；

4．预应力混凝土对房屋建筑的影响；

5．预应力混凝土的合理应用范围。

（二）学习难点

预应力混凝土的力学特性、高强钢材及高强混凝土、预应力混凝土的损失值及对建筑物的影响等都是本章学习的难点。

三、教学中应注意的问题

重点应放在预应力混凝土的应用和施工上，避免对预应力理论的过多探求。

四、复习思考题

1．预应力混凝土在结构中有哪些作用？

2．简述高强混凝土的强度、配制方法、收缩和徐变。

3．预应力混凝土的主要生产方法有哪些？

4．产生预应力损失值的原因是什么？如何减少预应力损失值？

5．预应力混凝土对梁、板等受弯构件有什么影响？

6．应用预应力技术可以解决工程中的哪些问题？

7．先张、后张预应力混凝土的合理应用范围。

8．怎样设置预应力混凝土生产企业？

第六章 钢 结 构

一、学习内容及要求

（一）钢结构构件的制作

1．了解钢结构加工制作；

2．了解钢结构构件的验收、运输、堆放。

（二）钢结构构件的焊接

1．熟悉钢结构构件常用的焊接方法；

2．了解焊接应力和焊接变形；

3．熟悉焊接缺陷产生的原因及防止、修正方法；

4．熟悉焊接的质量检验。

（三）钢结构构件的安装

1．熟悉钢结构构件安装前的准备工作；

2．熟悉钢柱子安装；

3．熟悉吊车梁安装；

4．熟悉吊车轨道安装；

5．熟悉屋面系统结构安装；

6．熟悉维护系统结构安装；

7．平台、梯子及栏杆的安装；

8．了解高层钢结构安装；

9．了解螺栓连接规定；

10．了解高强度螺栓的连接。

二、学习重点与难点

（一）学习重点

1．钢结构构件的验收、运输、堆放；

2．钢结构构件常用的焊接方法；

3．焊接的质量检验；

4．钢结构构件的安装。

（二）学习难点

1．钢结构构件焊接；

2．钢结构构件安装。

三、教学中应注意的问题

应注意钢结构构件的焊接和安装这两个与施工有关的问题。

四、复习思考题

1．怎样进行钢结构构件的验收、运输与堆放？

2．钢结构构件常用的焊接方法有哪些？各自有什么特点？

3．如何进行焊接质量检验？

4．钢结构构件安装前应做哪些准备工作？

5．各种构件的安装要点是什么？

第七章 空 间 结 构

一、学习内容及要求

（一）空间结构的基本概念和特点

1．了解空间结构的概念；

2．了解空间结构和曲面的关系；

3．了解空间结构的优缺点。

（二）空间结构的形式及其适用范围

1．了解薄壳与折板及其适用范围；

2．了解网架结构及其适用范围；

3．了解网壳结构及其适用范围；

4．了解悬索结构及其适用范围；

5．了解膜结构的各种形式。

（三）空间网架结构的材料与节点构造

1．了解钢材与截面选择；

2．了解焊接钢板节点；

3．了解焊接空心球节点；

4．了解空心球节点。

（四）大跨度屋盖结构的施工方法

1．了解高空散装方法；

2．了解分条与分块安装方法；

3．了解高空滑移方法；

4．了解地面拼装整体吊装方法；

5．了解地面拼装整体提升方法；

6．了解地面拼装整体顶升方法。

二、学习重点与难点

（一）学习重点

1．空间结构的概念及其优缺点；

2．空间结构的形式及适用范围；

3．大跨度屋盖结构的施工方法。

（二）学习难点

由于空间结构涉及高深的力学知识，所以总的说来学习的难度是大的。在本章中学习的难点主要集中在节点构造和施工方法上。

三、学习中应注意的事项

由于难度较大，故应回避理论，把着眼点主要集中在了解概念及"大跨度屋盖结构的施工方法"上。

四、复习思考题

1．什么叫"空间结构"？

2．空间结构有哪些形式？

3．空间结构有哪些类型的节点？

4．大跨度屋盖结构有哪些施工方法？分块安装方法和整体吊装方法的要点是什么？

第八章 防 水 工 程

一、学习内容及要求

（一）建筑防水的分类与等级

1．熟悉建筑防水分类；

2．熟悉建筑防水等级和设防要求。

（二）防水材料

1．熟悉防水卷材的主要特点及使用范围；

2．熟悉防水涂料的主要特点及使用范围；

3．了解接缝密封材料的种类和特点；

4．熟悉防水砂浆及防水混凝土的形成方式；

5．了解诸漏及止水材料的种类及特点。

（三）屋面防水施工

1．熟悉屋面卷材的防水施工；

2．了解屋面涂膜防水施工；

3．了解屋面刚性防水施工。

4．熟悉保温隔热屋面防水施工。

（四）外墙面防水施工

1．熟悉砌体外墙面防水施工；

2.熟悉外墙板防水施工。

（五）地下室防水施工

1.熟悉地下室外加剂防水混凝土施工；

2.熟悉地下室防水层施工；

3.熟悉地下室细部构造防水施工。

（六）防水质量控制

1.掌握防水材料进场检验项目；

2.掌握防水工程施工过程的质量控制；

3.掌握防水功能质量检验要求。

二、学习重点和难点

（一）学习重点

1.建筑防水的分类与等级；

2.防水材料的种类、特点及使用范围；

3.屋面卷材防水施工；

4.外墙面和地下室防水施工；

5.防水质量控制。

（二）学习难点

1.屋面、外墙和地下防水施工；

2.防水质量控制。

三、教学中应注意的问题

本章是本课程的重点章，应做到熟悉和掌握，故教学中应多下工夫和精力。

四、复习思考题

1.建筑防水分哪几类？

2.建筑防水怎样划分等级？有哪些设防要求？

3.防水卷材的主要特点和使用范围有哪些？

4.防水涂料的主要特点及使用范围有哪些？

5.试述防水砂浆及防水混凝土的形成方式。

6.怎样进行屋面卷材防水施工？

7.有哪些屋面刚性防水施工？

8.怎样进行保温隔热屋面防水施工？

9.怎样进行外墙面防水施工？

10.怎样进行地下室防水施工？

11.防水材料进场应进行哪些检验？

12.怎样进行防水施工过程质量控制及防水质量检验？

第九章　装　饰　施　工

一、学习内容及要求

（一）装饰工程概述

1．了解装饰工程的种类；

2．了解装饰工程的发展方向。

（二）抹灰工程

1．熟悉抹灰工程分类，一般抹灰的构成及各层的作用、做法及施工顺序；

2．了解机械喷涂抹灰的工艺流程、材料要求及施工要求；

3．熟悉各种装饰抹灰构造及施工要点。

（三）饰面板（砖）工程

1．熟悉饰面板材料及要求；

2．掌握各种饰面板（砖）施工的方法及质量要求；

3．了解铝合金饰面板施工；

4．了解塑料饰面板的施工要求。

（四）门窗工程

1．熟悉铝合金门窗的安装要点；

2．了解塑料门窗安装；

3．熟悉钢门窗的安装要点。

（五）裱糊工程

1．熟悉裱糊材料及要求；

2．熟悉塑料壁纸的裱糊及玻璃纤维布、无防墙布的裱糊。

（六）涂料工程

1．熟悉油漆涂饰材料、施工要点及质量、安全要求；

2．了解涂料涂饰的各种材料、施工要点及质量要求。

（七）刷浆工程

1．了解各种常用刷浆材料及配制；

2．熟悉刷浆施工。

二、学习重点与难点

（一）学习重点

1．装饰工程种类；

2．抹灰工程施工；

3．饰面板施工；

4．裱糊材料及涂料。

（二）学习难点

装饰工程种类繁多，施工工艺与材料种类关系极大，故其难点在于如何把握装饰材料的特性，合理安排施工顺序，注意工艺要求，确保质量。

三、教学中注意事项

教学中应把握重点，针对装饰材料的特点学习施工顺序及施工方法，要结合施工实际学习。

四、复习思考题

1．饰面工程有哪几类？

2．抹灰工程有哪几类？抹灰各层的作用、做法及施工顺序如何？

3. 各种装饰抹灰构造的施工要点有哪些？

4. 有哪些装饰面板材料？各有哪些特点？

5. 各种装饰面板（砖）的施工方法及质量要求有哪些？

6. 钢门窗及铝合金门窗的安装要点有哪些？

7. 有哪些裱糊材料？如何裱糊壁纸？

8. 有哪些涂料？涂料工程的施工要点有哪些？

第十章 地 面 工 程

一、学习内容及要求

（一）地面工程概述

1. 熟悉建筑地面的构造；

2. 熟悉建筑地面的材料。

（二）构造层的施工

1. 熟悉基土的施工；

2. 熟悉垫层的施工；

3. 熟悉找平层施工。

（三）地面面层施工

1. 掌握混凝土地面施工；

2. 掌握水泥砂浆地面施工；

3. 熟悉水磨石地面施工；

4. 熟悉大理石、花岗石、预制水磨石、碎拼大理石地面施工；

5. 熟悉各种砖铺地面的施工；

6. 了解陶瓷锦砖地面施工；

7. 了解塑料地面施工；

8. 熟悉木质地面施工；

9. 了解活动地面施工；

10. 了解地毯铺设。

二、学习重点与难点

（一）学习重点

1. 地面构造与材料；

2. 构造层的施工；

3. 主要面层的施工要点。

（二）学习难点

各种材料的面层施工。

三、教学中应注意的问题

由于地面工程层多、表面材料多，因此在教学中应注意层间接合部的处理，分别对各种主要面层的施工进行讲授与学习，努力掌握面层施工技术。

四、复习思考题

1．试述地面构造及其作用。

2．有哪些地面材料?

3．基层的施工要点是什么?

4．垫层的施工要点是什么?

5．找平层的施工要点是什么?

6．怎样进行混凝土地面施工?

7．怎样进行水泥砂浆地面施工?

8．怎样进行水磨石地面施工?

9．怎样进行各种预制板材（砖材）地面施工?

10．怎样进行木质地面施工?

施工项目信息管理

（32 学时）

第一章　施工项目信息管理与计算机基础知识

一、学习内容及要求

（一）学习内容

1. 信息的定义、特征和属性；

2. 施工项目管理中的信息分类；

3. 施工项目信息管理的基本要求；

4. 施工项目信息管理的主要内容：建立信息的代码系统、明确信息流程、制定信息收集制度、进行信息处理；

5. 计算机的特点、应用领域及分类；

6. 微型计算机硬件系统和软件系统的组成；

7. 施工项目信息管理中应用计算机的基础性工作；

8. 施工项目信息管理中应用计算机的主要形式。

（二）学习要求

1. 熟悉施工项目信息管理工作的重要性、在施工项目信息管理中应用计算机这一现代化工具的必要性；

2. 掌握数据、信息的基本概念；

3. 了解信息的主要特征；

4. 掌握信息的主要属性：信息的结构化程度、信息的准确程度、信息的时间性、信息的来源、信息量、信息的使用频率和信息的重要程度；

5. 了解施工项目管理中的几种常见的信息分类方法；

6. 掌握信息管理的基本概念及作用；

7. 掌握施工项目信息管理的基本要求；

8. 掌握施工项目信息管理的主要内容；

9. 掌握计算机的主要特点、应用领域及分类；

10. 掌握微型计算机硬件系统和软件系统的基本组成；

11. 掌握在施工项目信息管理中应用计算机需要做的基础性工作；

12. 掌握目前施工项目信息管理中应用计算机的几种主要形式。

二、学习重点和难点

1. 施工项目信息管理的几个基本要求；

2. 施工项目信息管理工作中的明确信息流程、制定信息收集制度及信息处理等有关内容；

3．在施工项目信息管理中应用计算机需要做的基础性工作。

三、教学中应注意的问题

1．教学中应注意通过理论联系实际的讲解，使学员的头脑中留下施工项目信息管理是其他各项管理工作的基础、计算机是进行施工项目信息管理的有效工具的深刻印象，从而能够在实际工作中主动应用计算机这一现代化工具进行施工项目信息管理，提高施工项目管理的总体水平；

2．应注意讲清楚信息与数据、信息管理与资料管理的区别与联系；

3．在讲解施工项目信息管理的主要内容时，应适当举一些实例，以有助于学员理解和掌握；

4．在讲解微型计算机的硬件和软件系统时，有条件的可进行示范教学；

5．对在施工项目信息管理中应用计算机需做的基础性工作，应举例予以分析和重点讲解，可组织学员讨论；

6．条件许可时，可简要演示施工项目信息管理中用到的有关计算机软件，使学员对在施工项目信息管理工作中应用计算机的形式有一个直观的了解，有助于激发他们在实际工作中应用计算机的积极性和主动性。

四、复习思考题

1．在施工项目管理中，信息管理有何重要作用？为什么必须把施工项目信息管理和计算机应用有机地结合起来？

2．什么是数据？信息管理中的数据主要有哪几种类型？试举例说明。

3．什么是信息？试举例说明。

4．信息的主要属性有哪些？

5．什么是信息管理？它的主要作用是什么？

6．施工项目信息管理的基本要求有哪些？

7．在施工项目信息管理工作中，如何保证信息的时效性、针对性和实用性？

8．在施工项目信息管理工作中，"要考虑信息成本"是什么含义？

9．施工项目信息管理包括哪些主要内容？

10．在进行信息的编码设计时，一般应考虑哪几个方面的问题？

11．在施工项目信息管理工作中，为什么必须明确信息流程？常见的信息流有哪些？

12．在施工项目信息管理工作中，为什么要制定完善的信息收集制度？信息收集制度通常应包括哪些主要内容？

13．信息处理有哪些要求？一般包括哪些内容？

14．信息处理的方式有哪些？各有何特点？

15．为什么说"要做好施工项目管理工作中的信息处理工作，必须借助于计算机这一现代化工具来完成"？

16．计算机的主要特点有哪些？主要应用于哪些领域？

17．计算机的常用分类方法有哪些？目前最常见到的计算机是一种什么类型的计算机？

18．微型计算机的硬件系统和软件系统相互之间的关系如何？

19．微型计算机的硬件系统包括哪些组成部分？各有何功能？从外观上看，微型计算机主要由哪几部分组成？

20．微型计算机的软件系统包括哪些组成部分？计算机操作系统有何功能？Windows 操作系统有何特点？

21．要提高施工项目信息管理的现代化水平，需要具备哪些条件？

22．要在施工项目信息管理中用好计算机，一般需要做好哪些方面的基础性工作？

23．目前在施工项目信息管理工作中，计算机的主要应用形式有哪些？

第二章　Windows 98 操作系统

一、学习内容及要求

（一）学习内容

1．Windows 98 系统的特点；

2．Windows 98 的工作桌面；

3．Windows 98 系统的退出；

4．Windows 98 的基本操作：鼠标器操作、桌面操作、窗口操作、菜单操作、对话框操作和碎片文件的操作；

5．文件和文件夹的操作："资源管理器"的使用，文件与文件夹的新建、选定、移动、复制、重命名、删除，快捷方式的创建；

6．磁盘操作：磁盘格式化、软盘的复制、磁盘的碎片整理和磁盘的扫描；

7．智能 ABC 输入法。

（二）学习要求

1．了解 Windows 98 系统的特点；

2．掌握 Windows 98 工作桌面的组成及各部分的功能；

3．掌握退出 Windows 98 系统的操作方法及有关选项的含义；

4．掌握鼠标器的几种基本操作：指向、单击、双击、右键单击、拖动；

5．掌握常见的鼠标指针形状及其含义；

6．掌握如何选择、移动、删除、重命名、复制和排列桌面上的图标；

7．掌握如何改变任务栏的大小和位置、设置任务栏的属性；

8．掌握 Windows98 的窗口组成及各部分的功能；

9．掌握移动窗口、改变窗口大小和排列窗口的操作方法；

10．掌握选择菜单中命令的操作方法；

11．掌握 Windows98 系统中四种类型菜单（即"开始"菜单、控制菜单、菜单栏中的下拉菜单和快捷菜单）的主要功能和使用方法；

12．掌握使用 Windows98 系统中菜单时的通用规则；

13．掌握对话框的特点、组成、各部分的功能及使用方法；

14．了解 Windows98 系统中碎片文件的概念及使用方法；

15．掌握文件和文件夹的基本概念；

16．掌握如何在"资源管理器"窗口中进行文件和文件夹的操作；

17．掌握如何进行磁盘的格式化、软盘的复制、磁盘的碎片整理和磁盘的扫描；

18．掌握汉字输入的两种编码方案；

19．掌握智能 ABC 输入法的启动方法、输入法状态窗口的组成和各部分的功能；

20．掌握在智能 ABC 输入法的标准输入方式下如何输入单个汉字、汉字词组、中文标点符号和中文数量词；

21．了解如何在智能 ABC 输入法的中文输入状态下直接输入英文；

22．掌握如何在智能 ABC 输入法中利用拼音和笔形的混合输入提高汉字输入速度；

23．了解在智能 ABC 输入法中提高汉字输入速度的若干技巧。

二、学习重点和难点

1．Windows98 工作桌面中任务栏的组成和各部分的功能；

2．鼠标器的基本操作和常见鼠标指针形状的含义；

3．窗口的基本组成及操作；

4．菜单操作和对话框操作；

5．文件与文件夹的新建、选定、移动、复制、重命名、删除等操作；

6．智能 ABC 输入法的使用和汉字的拼音输入。

三、教学中应注意的问题

计算机应用实践性很强，因此教学中应注意结合计算机演示来讲解基本概念和有关操作。对于可用多种方法完成的某种操作，可只讲解其中一种易于接受和记忆的方法，不必面面俱到。条件具备时，应安排学员上机练习，以巩固计算机操作方面的有关知识。

四、复习思考题

1．Windows 98 的工作桌面主要包括哪几个部分？各有何功能？

2．如何退出 Windows 98 操作系统？"关闭 Windows"对话框中各选项的含义分别是什么？

3．鼠标器有哪几种基本操作？具体如何进行？

4．常见的鼠标指针形状有哪些？它们各自有何含义？

5．如何进行桌面上图标的选择？如何移动、删除、重命名、复制和排列桌面上的图标？

6．如何改变任务栏的大小和位置？如何设置任务栏的属性？

7．窗口通常包括哪几个组成部分？各有何功能？

8．如何移动窗口、改变窗口的大小和重新排列多个窗口？

9．什么是菜单？从菜单中选取命令有几种方法？如何关闭打开的菜单？

10．在 Windows 98 操作系统中，菜单有哪几种类型？各有何特点？分别如何进行操作？

11．在使用 Windows 98 操作系统中的菜单时，有哪些通用的规则？

12．什么是对话框？与窗口有何区别？有何功能？

13．对话框通常包括哪几个组成部分？各有何功能？各自如何进行操作？

14．什么是文件？什么是文件夹？文件和文件夹的操作可利用哪些窗口来进行？

15．如何快速打开资源管理器窗口？它有几个组成部分？各有何功能？

16．如何在资源管理器窗口中查看文件夹和文件？如何选定一个或多个文件或文件夹？如何取消所选定的文件或文件夹？如何新建、移动、复制、重命名和删除文件或文件夹？如何创建快捷方式？

17．如何进行磁盘的格式化、软盘的复制、磁盘的碎片整理和磁盘的扫描？

18．汉字输入的编码方案有哪几种？各有何优缺点？

19．如何启动智能 ABC 输入法？智能 ABC 输入法状态窗口中包含哪几个按钮？各有何功能？如何进行中/英文输入状态的切换？

20．如何在智能 ABC 输入法的标准输入方式下输入单个汉字、汉字词组、中文标点符号和中文数量词？如何进行拼音和笔形的混合输入？

21．在智能 ABC 输入法中，笔形共分为几类？各自的名称和代码是什么？

第三章　工 具 类 软 件

一、学习内容及要求

（一）学习内容

1．Word 2000 的启动与退出；

2．Word 2000 的窗口组成；

3．文稿的创建：新建文档、录入文稿、保存文稿、打开已有的文档、打印文稿和关闭文档；

4．文稿的编辑：定位插入点、插入文本、选定文本、删除文本、移动文本和复制文本；

5．文稿的排版：设置字体格式、设置段落格式、复制格式、设置页面；

6．图文混排：图片的插入与处理、图形的绘制；

7．表格处理：创建表格、向表格里输入文本、选定表格、改变表格的结构、表格的编辑排版操作；

8．Excel2000 的窗口组成；

9．Excel 工作表的建立：工作薄的创建、打开、关闭和保存，Excel 的窗口操作，单元格的选定，输入数据的基本方法，数据的自动填充；

10．Excel 工作表的编辑：插入单元格、删除单元格、复制和移动单元格、合并单元格、清除单元格数据、改变行高和列宽、格式化单元格数据、自动套用格式、设置条件格式和对整个工作表的编辑；

11．Excel 的公式与函数：公式的输入、公式的复制、函数的使用、命名；

12．Excel 的图表处理：图表的创建、图表的编辑；

13．Excel 的数据库管理与数据分析：数据库的编辑，数据的排序、筛选和分类汇总；

14．Excel 工作表与图表的打印：打印预览、页面设置和打印输出。

（二）学习要求

1．掌握 Word2000 的启动和退出方法；

2．掌握 Word2000 工作窗口的组成和各部分的功能；

3．掌握文稿的创建步骤和操作方法；

4．掌握符号的输入方法；

5．掌握文稿的编辑和排版方法；

6．掌握图片的插入与处理以及图形的绘制方法；

7．掌握 Word 2000 中表格的创建、编辑和排版方法；

8．掌握 Excel 2000 工作窗口的组成和各部分的功能；

9．掌握 Excel 工作表的建立和编辑方法；

10．掌握 Excel 中公式与函数的使用方法；

11．掌握创建和编辑 Excel 图表的方法；

12．掌握利用 Excel 软件进行数据库管理与数据分析的方法；

13．掌握打印 Excel 工作表和图表的方法。

二、学习重点和难点

（一）学习重点

1．文稿的编辑和排版；

2．图片的插入与处理以及图形的绘制；

3．Word 2000 中表格的建立、选定、编辑和排版；

4．Excel 工作表的建立和编辑。

（二）学习难点

1．Excel 中公式与函数的使用；

2．利用 Excel 软件进行数据库管理与数据分析。

三、教学中应注意的问题

应结合计算机演示讲解 Word 2000 和 Excel 2000 的使用方法，同时注意突出编辑和排版中的一些基本概念和相应的操作方法，如文本的插入、删除、移动和复制，段落的对齐、缩进和制表位的设置等。条件具备时，应组织学员上机练习，利用 Word 2000 生成文稿并进行编辑和排版，利用 Excel 2000 建立工作表并进行编辑。

四、复习思考题

1．Word 2000 的工作窗口由哪几个部分组成？各有何功能？

2．在 Word 2000 中，如何输入符号？

3．在 Word 2000 中，如何定位插入点？插入模式与改写模式有何区别？如何进行切换？

4．在 Word 2000 中，如何选定文本？如何删除、移动和复制文本？如何撤消与恢复有关操作？

5．在 Word 2000 中，如何设置字体格式和段落格式？如何进行格式复制？

6．在 Word 2000 中，如何进行页面设置？

7．在 Word 2000 中，如何在文档中插入图片？如何对插入的图片进行编辑和修改？如何自行绘制所需图形？

8．在 Word 2000 中，如何建立表格并对表格进行编辑、排版？

9．Excel2000 工作窗口由哪几个部分组成？各有何功能？

10．什么是活动单元格？有何特点？

11．如何选定一个单元格？如何选定单元格区域？

12．如何插入、删除、复制、移动和合并单元格？

13．如何清除单元格数据？与删除单元格有何区别？

14. 如何对单元格数据进行格式化？

15. 如何使用条件格式功能突出显示满足某一条件的单元格？

16. 如何对工作表进行更名、删除、移动和复制等操作？

17. 如何输入公式？

18. 引用单元格或单元格区域的方式有哪几种？有何区别？

19. 如何给单元格和单元格区域命名？使用命名有何好处？

20. 如何将公式中的单元格引用改为名称？

21. 如何创建 Excel 图表？如何对 Excel 图表进行编辑？

22. 如何利用 Excel2000 建立数据库并进行管理？

23. 如何利用 Excel2000 对数据进行排序、筛选和分类汇总？

第四章　项目管理软件及其应用

一、学习内容及要求

（一）学习内容

1. 项目管理的内容：定义施工项目的目标、制定施工项目计划、实施施工项目计划及计划的跟踪与管理、结束项目；

2. 项目管理软件的功能分析：网络处理模块、资源安排与优化模块、成本管理模块、报告生成及输出模块；

3. 应用施工项目管理软件的准备工作：确定计划目标、进行调查研究、准备网络计划的基本参数；

4. 应用施工项目管理软件的基本步骤：输入项目的基本信息、输入工作的基本信息和工作间的逻辑关系、计划的调整与保存、公布并实施项目计划、管理和跟踪项目；

5. 项目管理软件 Microsoft Project 2000；

6. 施工项目计划管理系统 TZ-Project 7.2；

7. 施工项目管理系统 PKPM。

（二）学习要求

1. 充分认识应用施工项目管理软件进行施工项目动态管理的优越性和重要性；

2. 掌握成功的项目管理需包括的四部分内容；

3. 掌握施工项目管理软件的四个主要模块及功能；

4. 掌握应用施工项目管理软件需做的准备工作；

5. 掌握应用施工项目管理软件的基本步骤；

6. 根据实际情况，至少掌握下列项目管理软件之一：

（1）项目管理软件 Microsoft Project2000；

（2）施工项目计划管理系统 TZ-Project7.2；

（3）施工项目管理系统 PKPM。

二、学习重点和难点

1. 施工项目管理软件的四个主要模块及功能；

2. 应用施工项目管理软件需做的准备工作；

3．应用施工项目管理软件的基本步骤；

4．MIcrosoft Project 2000 的应用实例。

三、教学中应注意的问题

教学中应结合施工项目管理的实际进行讲解，并作必要的计算机演示，以激发学员在实际工作中应用施工项目管理软件进行施工项目管理的主动性和积极性。条件许可时，可安排学员结合各自的工程实际，利用已有的施工项目管理软件制定进度计划并对计划进行模拟跟踪。

四、复习思考题

1．什么是施工项目管理软件？其基本作用是什么？

2．应用施工项目管理软件进行施工项目管理有何优越性？

3．成功的施工项目管理一般需包括哪几个部分的内部？

4．创建一个项目计划至少应包括哪几个基本步骤？

5．在进行施工项目管理时，结束项目部分的主要任务是什么？

6．施工项目管理软件通常包括哪几个主要模块？各有何功能？

7．在准备网络计划的基本参数时，如何进行工作的划分？工作之间的逻辑关系有哪几种类型？各有何特点？组织关系如何确定？

8．简述应用施工项目管理软件的基本步骤。

9．在施工项目管理软件中，任务间的逻辑关系通常又可分为哪四种类型？各自的含义是什么？

10．在施工项目管理软件中，如何缩短关键路径？

11．结合工程实际，利用已有的施工项目管理软件制定进度计划并进行模拟跟踪。